JUSTIÇA E DISCIPLINA

EVERTON ARAUJO DOS SANTOS

JUSTIÇA E DISCIPLINA

o processo administrativo disciplinar do Exército Brasileiro e
o contraditório e a ampla defesa na era dos direitos[1]

Resende-RJ
Everton Araujo dos Santos
2017

---

[1] Ver *A era dos direitos* de Norberto Bobbio.

SANTOS, Everton Araujo dos. **Justiça e Disciplina:** o processo administrativo disciplinar do Exército Brasileiro e o contraditório e a ampla defesa na era dos direitos. Ed. Kindle. Resende-RJ: Everton Araujo dos Santos, 2017.

Este trabalho foi produzido a partir da monografia da graduação em Direito do autor, realizada na UERJ, de 2004 a 2008, e defendida em 2008.

everton_adv@hotmail.com
@everton.livros

SOLI DEO GLORIA

Entrega o teu caminho ao SENHOR, confia nele, e o mais ele fará. Fará sobressair a tua justiça como a luz e o teu direito, como o sol ao meio-dia.

Sl 37.5-6

Ao Deus único, na pessoa Jesus Cristo, meu Salvador e Salvador de todo aquele que nEle crê.

Ao meu pai e à minha mãe, Edmundo e Célia, com amor.

Às minhas filhas muito amadas, Isabela e Brenda, herança do SENHOR e meu galardão, amores da minha vida e paixões do meu coração.

Às minhas irmãs, Érica e Évelin, aos meus cunhados e irmãos, Cláudio e Alexandre, e aos meus sobrinhos, Camila e Thiago, minha família, aprisco que aprouve ao SENHOR, na sua infinita misericórdia, me conceder na vida terrena.

Ao Cel Cav José Antonio Braga (*in memoriam*), meu grande Comandante (CFSol/8º BIS, Tabatinga-AM, 1994-1995), nos meus dias de tenente de Cavalaria.

Ao Prof. Francisco José Barbosa Nobre, meu orientador da monografia, pelo apoio e orientação.

Aos advogados Daniel Câmara Medeiros Parente e Patrick Lemos Cacicedo, integrantes da Banca Examinadora, pelas sugestões e apoio.

A espada sem a balança é a força bruta; a balança sem a espada, a impotência do direito.

Rudolf von Ihering, *A luta pelo direito*

Sumário

Prefácio

A Constituição de 1988, chamada "Constituição Cidadã", ao priorizar os direitos individuais, estabelecendo parâmetros específicos para a aplicação de sanções de qualquer natureza, quer sejam judiciais, cíveis ou mesmo administrativas, parece ter gerado, num primeiro momento, uma certa perplexidade nas instituições calcadas nos princípios da hierarquia e da disciplina, como as Forças Armadas.

Isto pelo fato de que estas instituições exigem um padrão de conduta determinado e específico que, quando violado, necessita ser prontamente restabelecido. Assim, os processos administrativos disciplinares, instrumentos eficazes na manutenção da disciplina, se tornaram carentes de atualizações em face da nova Constituição.

O caminho a ser percorrido, a própria Constituição o iluminou no seu art. 5º, inc. LIV: "o devido processo legal", que passa pelo "contraditório" e pela "ampla defesa", inc. LV do mesmo dispositivo constitucional.

O Exército Brasileiro, nestes quase 30 anos de vigência da Carta Política, atualizou, em vários momentos, o seu processo administrativo disciplinar no sentido de manter-se alinhado aos ditames constitucionais. Em 2000, através da Portaria nº 202, do Comandante do Exército, de 26 de abril de 2000 (IG 10-11), atualizou seu processo administrativo que, em 2012, por meio da Portaria nº 107, do Comandante do Exército, de 13 de fevereiro de 2012 (EB10-IG-09.001), foi novamente atualizado. Em 2002 entrou em vigor o novo Regulamento Disciplinar do Exército, orientado segundo as determinações da Constituição.

O presente trabalho foi desenvolvido a partir da

minha monografia da graduação em Direito, concluída em 2008 na UERJ. Este tema, à época, me chamou a atenção pelo fato de se constituir num ponto de contato entre meus estudos e minha carreira profissional como Oficial do Exército Brasileiro. Assim, realizei uma pesquisa sobre os princípios do contraditório e da ampla defesa à luz da Constituição de 1988 com ênfase na sua efetividade no processo administrativo disciplinar do Exército Brasileiro.

Considerei, nesta análise, as especificidades de uma Instituição calcada nos princípios da hierarquia e da disciplina, pois é relevante para o desenvolvimento do tema a compreensão de que o Exército Brasileiro tem demonstrado saber coadunar a pronta resposta a qualquer manifestação de indisciplina ou quebra da hierarquia com os preceitos constitucionais e legais que lhe conferem a legitimidade essencial para o cumprimento da sua missão constitucional.

Adotei o método dedutivo de pesquisa. Assim, o capítulo 1 trata do processo administrativo como garantia constitucional, quando são analisados os conceitos de processo e de procedimento, o processo administrativo em sede constitucional e legal, os princípios constitucionais aplicáveis, espécies e fases do processo.

O capítulo 2 aborda o processo administrativo disciplinar, sua diversidade legal e sua unidade constitucional, a aplicabilidade da Lei nº 9.784/99, a sindicância e o processo disciplinar principal.

O capítulo 3 é dedicado ao conceito de contraditório, onde são estudados a definição deste princípio e a sua previsão, o caráter dialético do processo, o equilíbrio entre a Administração e o servidor e a efetividade do contraditório nas fases do processo.

O capítulo 4 é o da ampla defesa, quando se verifica sua definição e previsão, a presunção de inocência, a anterioridade da defesa, a autodefesa e a defesa técnica, o direito à prova e o direito de petição.

O capítulo 5 entra especificamente no tema do processo administrativo disciplinar do Exército, momento no qual, inicialmente, é investigada a natureza das Forças Armadas através da sua base institucional: a hierarquia e a disciplina, e o que dela decorre: as obrigações militares (e dentro destas, o valor e a ética militares) e os deveres militares para, em seguida, se estudar a violação tanto das obrigações quanto dos deveres militares.

Isto se faz necessário pelo fato de que a efetiva aplicação dos princípios constitucionais ora estudados no processo disciplinar do Exército exige a compreensão da natureza das Forças Armadas sob pena de se ferir gravemente o *ethos* da Instituição Militar, com todas as consequências indesejáveis que disto possa resultar tanto para a Instituição quanto para o Estado e para a sociedade.

Por fim, ainda no capítulo 5, é analisada a sistemática do processo disciplinar no Regulamento Disciplinar do Exército (RDE) por meio do estudo das transgressões disciplinares, das punições militares, dos recursos disciplinares, da efetivação do contraditório e da ampla defesa e, ainda, da sindicância em referência ao processo administrativo disciplinar do Exército, do princípio do juiz natural (administrador competente) e do instituto da prescrição.

E para finalizar esta edição, acrescentei um Apêndice que considero a parte mais importante e interessante do trabalho. Um texto sociológico sobre o campo militar inserido com a finalidade de facilitar a compreensão tanto do processo administrativo disciplinar militar quanto da sua aplicação no Exército Brasileiro.

Resende-RJ, 22 de dezembro de 2017.
O Autor

INTRODUÇÃO

A Instituição Militar possui fundamentos muito antigos. Devido às características peculiares da sua atividade, seus alicerces foram estabelecidos há milênios, desde o momento em que o homem viu-se na necessidade de defender-se de um agressor real ou potencial. Os exércitos têm sua história intimamente ligada à história da própria humanidade, pois o homem só pôde desenvolver-se política, social e economicamente onde havia uma força capaz de protegê-lo e garantir-lhe não só a continuidade do seu trabalho, quer seja braçal quer seja intelectual, mas o gozo dos frutos produzidos e sua preservação para as gerações subsequentes.

Dessa forma, a eficiência de um grupo armado destinado especificamente à defesa da comunidade mais ampla, frente a agressões externas provenientes de outras comunidades de homens, era vital não somente para a sobrevivência mas também para o próprio desenvolvimento social de um agrupamento humano. Essa eficiência, da qual depende a sobrevivência do grupo e do indivíduo, e a peculiar característica de trabalhar de forma sistemática e continuada a força física e as táticas e estratégias de defesa e ataque, influenciaram de forma definitiva os fundamentos da Instituição Militar, seu caráter, sua essência e seu *ethos*, perpetuando-se através dos séculos e dos milênios e permanecendo como apanágios perenes das modernas forças armadas.

A história tem demonstrado que as sociedades modernas e mais desenvolvidas, complexamente interligadas umas às outras, não podem prescindir de uma força profissional capaz de defendê-las de agressões externas e mesmo internas. Agressões que ameaçam não somente sua existência física, mas principalmente sua existência espiritual, quer dizer, sua cultura, seus valores, suas crenças e suas disposições mais profundas, construídas muitas vezes ao longo de milênios de desenvolvimento social. A experiência tem confirmado que são justamente estas sociedades, mormente as consideradas democráticas, as que mais necessitam de uma força profissional capaz de prover-lhes a segurança necessária à sua sobrevivência, pois são nelas onde normalmente a invasão dos bárbaros é vertical (SANTOS, 2012b), isto é, o inimigo interno é muitas vezes mais ameaçador que o externo.

Bem por isso, o militar tem que estar preparado para ser inserido a qualquer momento em um ambiente hostil sob condições adversas, tendo que desenvolver sua atividade e estruturar seu trabalho de rotina de forma a estar sempre pronto para atuar em tais circunstâncias. Dessa forma, a Instituição Militar exige do seu profissional o cumprimento inconteste de ordens, proporcionando-lhe uma formação objetiva e pragmática, desenvolvendo nele uma noção de honra militar calcada no companheirismo e na camaradagem, no espírito de corpo, no respeito aos superiores hierárquicos, na bondade para com os subordinados, no amor à verdade, à probidade, à responsabilidade e à lealdade, e em valores que sobrepujam os interesses pessoais e dignificam o sacrifício, o da própria vida, se necessário for. Sentimento de honra militar este necessário à sobrevivência do grupo e à consecução dos seus fins. Necessita, portanto, de convenções rígidas, disciplina incondicional e absoluta hierarquia.

A Constituição da República, no seu art. 142, prevê

que "As Forças Armadas, constituídas pela Marinha, pelo Exército e pela Aeronáutica, são instituições nacionais, permanentes e regulares, organizadas com base na hierarquia e na disciplina [...]". Observa-se, destarte, que uma instituição com as características e com a destinação das Forças Armadas exige um processo administrativo disciplinar rápido e eficaz, reforçando as condutas desejáveis com elogios públicos e reprimindo as indesejáveis com punições, também públicas, porém efetivas, a fim de que se reforcem ou se reprimam condutas não só nos militares elogiados e punidos, mas em todos os integrantes do grupo, que pela observação terão desenvolvidos os sentimentos de identidade ou repulsa pelas condutas evidenciadas e pela situação psicológica em que se encontram os envolvidos, elogiados e punidos, levando-se em conta aquele sentimento de honra militar desenvolvido.

Entretanto, a Constituição da República positivou no seu art. 5º, inciso LV, os consagrados princípios do *contraditório* e da *ampla defesa*, inerentes a todo Estado Democrático de Direito, estendendo-o ao processo administrativo. Como não poderia deixar de ser, instituições públicas como as Forças Armadas, inseridas no âmbito da Administração Pública Federal, têm que adaptar seu processo administrativo disciplinar de forma a harmonizar os basilares princípios do contraditório e da ampla defesa à sua necessidade de resposta rápida e eficaz a toda conduta que fira a hierarquia e a disciplina, constituindo-se em transgressão militar.

Nestes quase 30 anos sob a égide da atual Carta Magna, as Forças Armadas vêm buscando a adaptação do seu processo administrativo disciplinar aos princípios do contraditório e da ampla defesa. Todavia, questões culturais não se modificam de uma hora para outra, exigem tempo; exigem mudança de mentalidade; exigem busca de novos caminhos, de caminhos alternativos para se atingirem fins outrora satisfeitos pelos antigos métodos; exigem expectativa de novas perspectivas. Isso leva tempo.

O próprio Estado ainda está a definir as ações a serem observadas a fim de se respeitar o contraditório e a ampla defesa. Exemplo disto se observa através da leitura do enunciado da Súmula 343, do Superior Tribunal de Justiça, de 21 de setembro de 2007, *in verbis*: "É obrigatória a presença de advogado em todas as fases do processo administrativo disciplinar", que provocou rápida reação em sentido contrário do Supremo Tribunal Federal por meio da Súmula Vinculante nº 5, de 16 de maio de 2008: "A falta de defesa técnica por advogado no processo administrativo disciplinar não ofende a Constituição." Observa-se, aqui, uma antinomia entre as concepções das Cortes Superiores acerca dos procedimentos que devam ser observados a fim de que sejam efetivados o contraditório e a ampla defesa no processo administrativo disciplinar.

Esta é a principal questão a ser discutida e a proposta deste opúsculo: um estudo do processo administrativo disciplinar do Exército Brasileiro em face dos princípios do contraditório e da ampla defesa, observando-se o entendimento atual que tem o Estado brasileiro acerca do conteúdo, do sentido e do significado desses princípios, ressalvadas as características, as peculiaridades e a finalidade da Instituição Militar, de forma que se harmonizem e sejam viáveis ambas as normas contidas no art. 5º, LV, e art. 142, da Constituição da República de 1988, quais sejam, o respeito aos princípios do contraditório e da ampla defesa e a preservação da hierarquia e da disciplina nas Forças Armadas.

Capítulo 1: Processo administrativo como garantia constitucional

A Constituição da República Federativa do Brasil, promulgada em 05 de outubro de 1988, elencou em seu art. 1º, inciso III, a dignidade da pessoa humana como princípio fundamental do Estado Democrático de Direito brasileiro.

A efetividade desse princípio é assegurada por meio dos direitos e garantias fundamentais, sendo estes enumerados a partir do art. 5º. Pelo destaque que dá à proteção do ser humano contra o arbítrio, é chamada de "Constituição cidadã" (BACELLAR FILHO, 2003, p. 21). O art. 5º, no seu inciso LIV: "ninguém será privado da liberdade ou de seus bens sem o devido processo legal", combinado com o inciso LV: "aos litigantes, em processo judicial ou administrativo, e aos acusados em geral, são assegurados o contraditório e ampla defesa, com os meios e recursos a ela inerentes", eleva o devido processo, judicial ou administrativo, à posição de garantia constitucional.

Bem por isso, este capítulo apresenta, de forma conceitual à luz da Constituição, o processo administrativo como uma garantia constitucional do cidadão, sendo imprescindível sua observância sempre que a Administração Pública tiver a pretensão de privá-lo de qualquer dos seus direitos, isto é, de seus bens ou de sua liberdade física.

Processo e procedimento são institutos jurídicos sobre os quais muito se tem discutido na tentativa de uma definição precisa, não se chegando, no entanto, a um consenso.

O vocábulo processo tem o sentido de "ir para adiante", "marchar para frente", "progredir", significando marcha para frente, avanço, progresso, desenvolvimento. Caracteriza-se diante de um fenômeno em desenvolvimento (CRETELLA JÚNIOR, 1984, p. 367). Como categoria jurídica tem por escopo tornar previsível a atividade do Estado na sua atuação impessoal e isonômica por meio da uniformidade.

Na lição de José dos Santos Carvalho Filho (2006, p. 799-801), processo é "a relação jurídica integrada por algumas pessoas, que nela exercem várias atividades direcionadas para determinado fim", e prossegue informando que "a ideia do processo reflete função dinâmica, em que os atos e os comportamentos de seus integrantes se apresentam em sequência ordenada com sentido teleológico, vale dizer, perseguindo o objetivo a que se destina o processo". Já procedimento é "o processo em sua dinâmica, é o modo pelo qual os diversos atos se relacionam na série constitutiva de um processo".

No mesmo sentido, Ernani Fidelis dos Santos (apud CÂMARA, 2006, p.148) define processo como "a soma de atos que têm fim determinado, não importando a marcha que toma para atingi-lo" e procedimento como "o modo pelo qual o processo se forma e se movimenta, para atingir o respectivo fim".

Obtempera, ainda, José Cretella Júnior que:

procedimento é uma operação menor dentro da operação maior, o processo. *Procedimentos* são partes ou operações menores que integram o processo. Desde que desenvolva uma ação maior e global, contenciosa ou não, penal, civil, trabalhista ou administrativa, que decorre entre dois momentos – o *processo* – cabem outras operações parciais e menores, os *procedimentos*, que formam um bloco, uma unidade, e concorrem para completar a operação mais complexa. (CRETELLA JÚNIOR, 1984, p. 368).

Verifica-se, assim, que por esta primeira acepção, processo é uma sequência ordenada de atos que visa um determinado fim, e procedimento é o caminho que toma o processo para atingir esse fim, ou seja, o processo se realiza por meio do procedimento, sendo este um meio, um instrumento do processo na persecução do seu fim, e processo o somatório dos procedimentos e consequente atingimento do objetivo perseguido.

No ensinamento de Hely Lopes Meirelles (2006, p. 683), processo "é o conjunto de atos coordenados para a obtenção de decisão sobre uma controvérsia no âmbito judicial ou administrativo; *procedimento* é o modo de realização do *processo*, ou seja, o rito processual", e prossegue: "O que caracteriza o processo é o ordenamento de atos para a solução de uma *controvérsia*; o que tipifica o *procedimento de um processo* é o modo específico do ordenamento desses atos".

Observa-se aqui uma segunda acepção de processo e procedimento segundo a qual processo é meio de solução de conflitos de interesses e procedimento a forma que toma o processo. Há uma qualificação do processo – a controvérsia – que difere este conceito do anterior, mantendo-se o mesmo entendimento acerca de procedimento, qual seja, o caminho adotado pelo processo para consecução de seu fim.

Na lição de Romeu Felipe Bacellar Filho:

O procedimento configura requisito essencial da atividade estatal, pois constitui forma de exteriorização de competência. [...] Quando à competência adiciona-se a colaboração de sujeitos e contraditório, o procedimento expressa-se como processo. (BACELLAR FILHO, 2003, p. 47).

Dessa definição o autor elenca quatro consequências. A primeira é a afirmação de que todo processo é procedimento, mas de que nem todo procedimento é processo, haja vista nem sempre o exercício da competência envolver a atuação de interessados sob a incidência de contraditório e ampla defesa.

A segunda consequência refere-se à relação entre procedimento e processo, que se constitui relação de gênero e espécie. Procedimento é gênero do qual processo é espécie, quer dizer, o processo é um procedimento qualificado por um conflito de interesses.

A terceira é a adoção da processualidade ampla, não restringindo o conceito de processo ao exercício da atividade jurisdicional, mas ampliando-o a toda atividade estatal, quer seja jurisdicional, legiferante ou administrativa.

A quarta se configura na aceitação de que o processo é o instrumento adotado pela Constituição para a atuação de todos os poderes estatais, resultando na formação de um núcleo constitucional comum de processualidade no direito pátrio.

Esta última consequência ganha especial relevo neste trabalho e será desenvolvida em momento oportuno pelo fato de que esse núcleo comum de processualidade realiza a aproximação entre processo administrativo e processo judicial, quando o processo administrativo aproveita a construção doutrinária processual que revela a essência do processo como garantia constitucional e a intercomunicabilidade entre processo judicial e processo administrativo. Por conseguinte, o processo administrativo aproveita os princípios e fundamentos do processo judicial, o que possibilita permanente aplicação analógica de normas do processo judicial ao processo administrativo a fim de salvaguardar direitos fundamentais do cidadão, observadas as especificidades de cada um (BACELLAR FILHO, 2003, p. 51-54).

Adotar-se-á no presente trabalho a última acepção conceitual de processo e procedimento, com as consequências que dela decorrem. Entende-se, assim, que procedimento é o meio pelo qual se deve manifestar toda e qualquer atividade estatal e processo é a espécie do gênero procedimento que se configura quando o procedimento é qualificado pela participação de sujeitos em contraditório, isto é, sempre que houver um conflito de interesses.

O processo administrativo, na preleção de Odete Medauar (2006, p. 164), "caracteriza-se pela atuação dos interessados, em contraditório, seja ante a própria Administração, seja ante outro sujeito (administrado em geral, licitante, contribuinte, por exemplo), todos, neste caso, confrontando seus direitos ante a Administração."

Lúcia Valle Figueiredo (2004b, p. 426) considera que o processo administrativo estaria ligado "apenas e tão somente, às situações em que há *controvérsias,* em que há *sanções, punições disciplinares –* portanto, situações de *acusações em geral* ou *litigância.*"

Diogenes Gasparini entende processo administrativo como:

> Conjunto de medidas jurídicas e materiais praticadas com certa ordem e cronologia, necessárias ao registro dos atos da Administração Pública, ao controle do comportamento dos administrados e de seus servidores, a compatibilizar, no exercício do poder de polícia, os interesses público e privado, a punir seus servidores e terceiros, a resolver controvérsias administrativas e a outorgar direitos a terceiros. (GASPARINI, 2006, p. 927).

Em sede constitucional, o processo administrativo é exigido no inciso II do § 1º do art. 41: "§ 1º O servidor público estável só perderá o cargo: [...] II mediante processo administrativo em que lhe seja assegurada ampla defesa", e no art. 5º, inciso LV: "aos litigantes, em processo judicial ou administrativo, e aos acusados em geral, são assegurados o contraditório e ampla defesa, com os meios e recursos a ela inerentes".

Conforme ensina Romeu Felipe Bacellar Filho (2003, p. 58-65, 80), o âmbito de abrangência do art. 5º, inc. LV, é mais amplo que o do art. 41, § 1º, inc. II, sendo este dispositivo regra especial e aquele regra geral. Combinando-se os referidos dispositivos com o princípio do devido processo legal, consagrado no art. 5º, inc. LIV: "ninguém será privado da liberdade ou de seus bens sem o devido processo legal", pode-se inferir pela inserção do processo administrativo no rol dos direitos e garantias fundamentais. Afirma ainda que "a regra do art. 41 é regra especial que não afasta, antes pressupõe, a observância da norma geral de processo administrativo prevista no art. 5º, incisos LIV e LV".

Isso dá nova dimensão ao processo administrativo, transformando-o em princípio constitucional de proteção ao indivíduo ante o exercício, pelo Estado, da função administrativa. Faz-se necessária, dessa forma, sua observância sempre que o Estado se manifestar diante de uma controvérsia, haja vista os princípios do contraditório e da ampla defesa só se tornarem efetivos quando inseridos na ambiência de um processo administrativo, conforme se depreende do que obtempera o referido administrativista:

A Constituição não assegura somente processo administrativo, mas processo administrativo com contraditório e ampla defesa aliado aos meios e recursos a ela inerentes. Não se trata de adjetivação do processo: sem contraditório e ampla defesa não há processo administrativo. [...]
Na esfera administrativa, não pode haver privação de

liberdade ou restrição patrimonial, sem o cumprimento do seguinte pressuposto: a consagração legal do processo administrativo em sentido constitucional. (BACELLAR FILHO, 2003, p. 66-67).

Inobstante a exigência constitucional do processo administrativo sempre que houver atuação do Estado no exercício de sua função administrativa em presença de controvérsia, não havia, até o advento da Lei nº 9.784, de 29 de janeiro de 1999, nas palavras de Flávia Caldeira Brant Ribeiro de Figueiredo:

> uma lei processual geral, traçando as diretivas, as normas fundamentais, os princípios que devem orientar a elaboração das demais normas processuais, específicas de cada uma dessas atividades; um [sic] lei geral, com normas fundamentais aplicáveis a todos os processos administrativos. (FIGUEIREDO, 2004a, p. 671).

A Lei nº 9.784, de 29 de janeiro de 1999, preenche, assim, um vácuo legislativo, servindo de orientação às legislações específicas na concreção das determinações constitucionais. Usa-se o vocábulo "orientação" em função do caráter subsidiário da Lei, previsto no seu art. 69: "os processos administrativos específicos continuarão a reger-se por lei própria, aplicando-se-lhes apenas subsidiariamente os preceitos desta Lei" e pelo fato da Lei estabelecer normas e princípios gerais do processo administrativo, concorde ainda com os ensinamentos de Flávia Caldeira Brant Ribeiro de Figueiredo:

> A recente Lei n. 9.784, de 29 de janeiro de 1999, pois, traça as normas e princípios gerais do processo administrativo, mas resguarda, quanto a matérias específicas, a observância de regimes especiais que regulam procedimentos próprios, como o tributário, o

licitatório, [...], e o disciplinar. Daí que a Lei n. 9.784/99 ressalvou a eficácia de leis especiais, com aplicação subsidiária das normas gerais ora editadas. (FIGUEIREDO, 2004a, p. 671).

A Lei nº 9.784/99 tem, dessa forma, aplicação subsidiária a todo processo administrativo no âmbito da Administração Pública Federal direta e indireta, incluindo os órgãos dos Poderes Legislativo e Judiciário da União, quando no desempenho de função administrativa, conforme se depreende da leitura do seu art. 1º, *caput,* e § 1º, *in verbis*:

> Art. 1º Esta Lei estabelece normas básicas sobre o processo administrativo no âmbito da Administração Federal direta e indireta, visando, em especial, à proteção dos direitos dos administrados e ao melhor cumprimento dos fins da Administração.
> § 1º Os preceitos desta Lei também se aplicam aos órgãos dos Poderes Legislativo e Judiciário da União, quando no desempenho de função administrativa.

Não há um consenso entre os administrativistas quanto aos princípios constitucionais aplicáveis ao processo administrativo. A Constituição enumera cinco princípios no *caput* do art. 37, sendo estes os princípios de legalidade, impessoalidade, moralidade, publicidade e eficiência. Entretanto, há outros igualmente aplicáveis, quer por serem princípios constitucionais implícitos quer por estarem regulados em outros dispositivos da própria Constituição ou em legislação infraconstitucional quer por estarem amparados na doutrina ou na jurisprudência.

Em virtude disso, a lei reguladora do processo administrativo, Lei nº 9.784/99, enumera outros no seu art. 2º além dos já citados princípios do *caput* do art. 37 da Constituição, quais sejam, princípios do devido processo legal, da finalidade, motivação, razoabilidade, proporcionalidade, ampla defesa, contraditório, segurança jurídica e interesse público. (FIGUEIREDO, 2004a, p. 672).

Pondera Celso Antônio Bandeira de Mello (2006, p. 478-479) a existência de onze princípios explícitos ou implícitos na Constituição, a saber, princípio da audiência do interessado, princípio da acessibilidade aos elementos do expediente, princípio da ampla instrução probatória, princípio da motivação, princípio da revisibilidade, princípio da representação e assessoramento, princípio da lealdade e boa-fé, princípio da verdade material, princípio da oficialidade, princípio da gratuidade e princípio do informalismo.

Maria Sylvia Zanella Di Pietro (2005, p. 604-612) entende que há princípios comuns aos processos administrativo e judicial, há aqueles que são próprios do Direito Administrativo, os mencionados no art. 2º da Lei nº 9.784/99, e ainda outros implícitos na própria Lei. Cita os princípios da publicidade, oficialidade, obediência à forma e aos procedimentos, gratuidade, ampla defesa e do contraditório, da atipicidade, pluralidade de instâncias, economia processual e participação popular, por considerar que sejam os mais especificamente referidos à matéria processual.

Importante destacar o ensinamento de Lúcia Valle Figueiredo acerca da aplicabilidade de princípios do processo penal e do processo civil:

> quando se tratar de processos em que haja "acusados" aplicam-se também alguns dos princípios do processo penal e, se houver litigância, os do processo civil.
> Os princípios específicos do processo penal aplicáveis, consoante nos parece, são os seguintes: presunção de inocência, verdade real (que também se aplica aos processos administrativos em que haja litígio),

oficialidade, *in dubio pro reo,* inadmissibilidade de provas obtidas por meio ilícito (aplicável aos dois tipos), retroatividade da lei mais benigna e necessidade de defesa técnica.

No tocante aos princípios do processo civil, podemos arrolar: isonomia (igualdade de oportunidade de produzir provas), celeridade processual, princípio do juiz natural (no caso, administrador competente), lealdade processual.

Esses, *grosso modo,* são os principais princípios específicos do Direito Processual Civil e Penal aplicáveis em maior proporção aos processos administrativos. (FIGUEIREDO, 2004b, p. 430).

Por esta última assertiva, constata-se que sequer são taxativos os princípios enumerados, tendo, antes, caráter exemplificativo, estando a enumeração sujeita a acréscimos conforme se configure a necessidade na espécie. Verifica-se, destarte, a complexidade e o consequente cuidado que requer o tema, devendo este ser estudado com especial atenção no caso concreto de maneira a serem preservados os direitos do cidadão, isto é, do administrado e do agente público.

O processo administrativo é o gênero de várias espécies, sendo as mais comuns o processo disciplinar e o processo tributário ou fiscal. Assim, o objeto deste opúsculo, o processo administrativo disciplinar, se constitui em espécie de processo administrativo.

Essa conclusão gera consequências de fundamental importância para o estudo do tema. A legislação e a doutrina muitas vezes têm dado tratamento autônomo às espécies de processo administrativo, desvinculando-as dos princípios gerais do gênero a que pertencem. Cria-se, dessa maneira, uma visão isolada do processo disciplinar e tributário, gerando muitas distorções quando do seu emprego, por estarem equivocadamente afastados das regras superiores que os regem, prejudicando a segurança jurídica e a garantia dos direitos do cidadão ante a

Administração.

É imperioso, dessa forma, que o processo disciplinar, o tributário e qualquer outra espécie de processo, estejam inseridos no quadro geral dos processos administrativos, subordinando-se, assim, aos seus princípios e ao adequado tratamento doutrinário (MEIRELLES, 2006, p. 685).

Assim, todas as espécies de processos administrativos devem observar as cinco fases do processo administrativo geral: instauração, instrução, defesa, relatório e julgamento (FIGUEIREDO, 2004a, p. 682).

A fase de instauração tem por finalidade a deflagração do processo e deve "constar de uma exposição clara dos fatos e de seus fundamentos, de maneira a delimitar o objeto da controvérsia e possibilitar a ampla defesa. Ninguém pode defender-se eficazmente se não souber exatamente do que está sendo acusado." (FIGUEIREDO, 2004a, p. 683).

A instrução é a fase na qual os fatos são elucidados por meio da produção de provas. Estas englobam oitiva de testemunhas, inspeções pessoais, perícias técnicas, pareceres de órgãos consultivos, juntada de documentos, enfim, tudo o que for lícito para se chegar à verdade dos fatos. É a fase na qual o interessado tem oportunidade de melhor exercer seu direito de ampla defesa ao produzir as provas que confirmem suas alegações (FIGUEIREDO, 2004a, p. 683). Assim, é assegurado ao interessado o direito de acompanhar o processo pessoalmente ou por meio de seu advogado, "arrolar e reinquirir testemunhas, produzir provas e contraprovas e formular quesitos, quando se tratar de prova pericial" (GASPARINI, 2006, p. 934).

A fase de defesa se configura em garantia constitucional, conforme art. 5º, LV, da Constituição da República, e permeia todo o desenvolvimento do processo. No entanto, é destacada em terceiro lugar por ser esta a posição que antecede o relatório, tendo o interessado a oportunidade de contradizer todas as provas produzidas até aquele momento. Tem, dessa forma, a oportunidade efetiva de exercer na plenitude seus direitos ao contraditório e à ampla defesa.

O relatório é a quarta fase e consiste no resumo do apurado no processo. Vincula-se às provas que constam dos autos. Serve de base para a decisão da autoridade julgadora competente, mas é informativo e opinativo. Caso a autoridade divirja da substância do relatório, deve fundamentar sua decisão com base nos elementos existentes no processo (MEIRELLES, 2006, p. 689-690).

Por fim, a fase de julgamento, quando a autoridade julgadora competente profere sua decisão. Decisão esta que tem que ser motivada com base na acusação, na defesa e na prova, tudo incluso nos autos, sendo vedada a menção a qualquer fato estranho ao processo, o que caracterizaria cerceamento de defesa e consequente nulidade do processo (MEIRELLES, 2006, p. 690).

Capítulo 2: Processo administrativo disciplinar

O processo administrativo disciplinar é o instrumento por meio do qual a Administração apura as transgressões disciplinares praticadas por seus servidores e aplica as sanções previstas em lei. Na voz de Diogenes Gasparini (2006, p. 947), é o "instrumento formal, instaurado pela Administração Pública, para a apuração das infrações e aplicação das penas correspondentes aos servidores, seus autores".

Ao contrário do que sucede no processo judicial, cuja disciplina reguladora é concentrada, o processo administrativo disciplinar é regulado de maneira difusa, pois cada ente da Federação tem autonomia para regulá-lo. Há uma grande variedade de estatutos funcionais subordinados unicamente aos mandamentos constitucionais (CARVALHO FILHO, 2006, p. 813). Assim, em sua heterogeneidade legal, o processo disciplinar se unifica na Constituição por força dos incisos LIV e LV do art. 5°, que incidem sobre todas as legislações reguladoras do processo disciplinar.

A Constituição, no seu art. 5°, inc. LIV: "ninguém será privado da liberdade ou de seus bens sem o devido processo legal", complementado pelo inc. LV: "aos litigantes, em processo judicial ou administrativo, e aos acusados em geral são assegurados o contraditório e ampla defesa, com os meios e recursos a ela inerentes", inseriu o processo administrativo disciplinar no rol dos direitos e garantias fundamentais, tendo este por finalidade a proteção do indivíduo. Isto restringe a liberdade do legislador quanto à sua disciplina legal, estando esta comprometida com a realização dos princípios constitucionais, sendo vedada a privação de liberdade e a restrição de bens sem o devido processo administrativo, estando neste ínsitos o contraditório e a ampla defesa (BACELLAR FILHO, 2003, p. 63-67).

Fica claro, destarte, que, na esfera administrativa, é expressamente vedada pela Constituição a aplicação de sanção disciplinar sem o devido processo e que este pressupõe o contraditório e a ampla defesa. O devido processo administrativo se constitui em instrumento de veiculação do contraditório a da ampla defesa, não sendo possível a observância destes princípios constitucionais fora do processo. Em contrapartida, não se caracteriza o processo administrativo como "devido" processo, consoante a vontade do constituinte originário expressa no art 5º, inc. LIV, da Carta Política, se estiver dissociado do contraditório e da ampla defesa. Observe-se o ensinamento de Romeu Felipe Bacellar Filho:

> O art. 5º, inc. LV, complementado pelo inc. LIV, aplica-se, portanto, ao exercício da competência disciplinar. Conclui-se que: (a) o processo e o procedimento administrativo disciplinar constituem garantias constitucionais, com as decorrências já salientadas de vinculação do legislador, do aplicador e do intérprete à Constituição; (b) enquanto garantia de meios e de resultados, o processo exige a incidência do contraditório e da ampla defesa com os meios e recursos a ela inerentes; (c) a disciplina processual deverá fazer-se presente quando, no exercício da competência disciplinar, a Administração litigue ou acuse servidor público (sentido amplo); (d) ou na hipótese da decisão implicar privação da

liberdade ou de bens; (e) o litigante ou acusado detém a posição de sujeito processual; (f) tratando-se de acusados em geral, abrange servidores públicos estáveis e não estáveis (qualquer acusado) como também sanções administrativas leves ou graves (qualquer acusação). (BACELLAR FILHO, 2003, p. 81-82).

Verifica-se, assim, que o respeito aos princípios constitucionais exige, na aplicação de qualquer sanção disciplinar na esfera administrativa, quer seja grave quer seja leve, quer dizer, qualquer que seja a sua natureza, a observância do devido processo administrativo, e que este não prescinde, em hipótese alguma, do contraditório e da ampla defesa.

O processo administrativo disciplinar, como espécie do gênero processo administrativo (BACELLAR FILHO, 2003, p. 80), observa a Lei nº 9.784/99 nos termos de seu art. 69: "Os processos administrativos específicos continuarão a reger-se por lei própria, aplicando-se-lhes apenas subsidiariamente os preceitos desta Lei", no âmbito da Administração Pública Federal, incluindo os órgãos dos Poderes Legislativo e Judiciário da União, quando no desempenho de funções administrativas, conforme o art. 2º.

A despeito disto, entende Romeu Felipe Bacellar Filho que a Lei nº 9.784/99 deve ser respeitada por todos os entes da federação quando informar princípios constitucionais e cita Marçal Justen Filho:

A Lei de Processo Administrativo torna explícitos princípios cuja incidência deriva diretamente da própria Constituição. Isso produz uma situação muito peculiar. A Lei n. 9784 disciplina o tema do processo administrativo no âmbito federal. Portanto, poderia dizer-se que o diploma não afetaria as demais órbitas federativas, titulares de competência privativa para dispor sobre o tema no seu próprio âmbito. Ocorre que a Lei n. 9784 torna evidente certos postulados de natureza constitucional, de observância obrigatória em toda e qualquer atividade administrativa. Logo, os princípios constitucionais explicitados através da Lei n. 9784 não podem deixar de ser respeitados pelos demais entes federais: não porque esse diploma tenha natureza de lei complementar, nem porque veicule 'normas gerais', mas por ser essa a única alternativa compatível com a Constituição. Sob esse ângulo, o aplicador (em qualquer segmento da Federação) encontra na Lei n. 9784 uma espécie de 'confirmação' do conteúdo da Constituição. As regras meramente procedimentais, porém, retratam o poder de auto-organização atribuído a todo e qualquer ente federativo. (JUSTEN FILHO apud BACELLAR FILHO, 2003, p, 78).

Esse entendimento faz ressair o caráter constitucional da Lei nº 9.784/99 e em consequência sua obrigatória observância por todos os entes da Federação no exercício de função administrativa, malgrado seja sua eficácia formal restrita ao âmbito da União. Isso decorre da supremacia da Constituição e do fato de que o não cumprimento da Lei do Processo Administrativo no que concerne aos preceitos constitucionais traduz-se em afronta direta à Carta Magna.

Importante se faz, neste momento, a realização de uma análise do instrumento formal de que deve dispor a Administração para a aplicação do processo administrativo disciplinar.

Nas palavras de José Cretella Júnior, sindicância

é o meio sumário de que se utiliza a Administração Pública, no Brasil, para, sigilosa ou publicamente, com indiciados ou não, proceder à apuração de ocorrências anômalas no serviço público, as quais, confirmadas, fornecerão elementos concretos para a imediata abertura de processo administrativo contra o funcionário público responsável. (CRETELLA JÚNIOR apud CARVALHO FILHO, 2006, p. 814).

Verifica-se que, segundo este entendimento, a sindicância se constitui em procedimento preparatório que tão somente objetiva a apuração preliminar para a possível instauração de um processo principal. É revestido de caráter inquisitório, não incidindo, por conseguinte, o contraditório, a ampla defesa e a publicidade (CARVALHO FILHO, 2006, p. 814). Equivale, portanto, na ação penal, ao inquérito policial.

O processo disciplinar principal é o processo administrativo disciplinar propriamente dito, que objetiva apurar um ilícito funcional e aplicar a devida sanção, se for o caso. Este tem caráter acusatório, como determina o direito pátrio, devendo observar o contraditório, a ampla defesa e o princípio da publicidade (CARVALHO FILHO, 2006, p. 816).

A sindicância, em entendimento diverso, já foi considerada pela doutrina como "meio sumário de apuração de faltas punidas com penalidades mais suaves, para as quais não é exigido o processo administrativo" (FIGUEIREDO, 2004a, p. 691).

Hely Lopes Meirelles (2006, p. 696-697) elenca como meios sumários a *sindicância*, a *verdade sabida* e o *termo de declarações*. No entendimento deste renomado administrativista, a *sindicância* tem por objetivo somente a apuração da irregularidade, não servindo de base para punição do sindicado, mas tão somente para instauração de processo administrativo disciplinar. No entanto, tem sido desvirtuada ao ser empregada para a punição de pequenas faltas dos servidores. A *verdade sabida* se caracteriza quando a autoridade competente para punir toma conhecimento pessoalmente da transgressão, de forma direta.

Termo de declarações, ainda segundo o citado mestre:

é forma sumária de comprovação de faltas menores de

servidores, através da tomada de seu depoimento, que, em si, já é defesa, sobre irregularidade que lhe é atribuída, e, se confessada, servirá de base para a punição cabível. Para plena validade das declarações é de toda conveniência que sejam tomadas em presença de, pelo menos, duas testemunhas, que também subscreverão o termo. Esse meio sumário evita demoradas sindicâncias e processos sobre pequenos deslizes funcionais que devam ficar documentalmente comprovados para imediata punição ou para atestar futuras reincidências do servidor. Se o inquirido negar a falta, haverá necessidade de processo administrativo disciplinar para comprová-la e legitimar a punição. (MEIRELLES, 2006, p. 697).

Segundo este entendimento e conforme ficou demonstrado ao se configurar o processo como direito e garantia constitucional, constata-se que os meios sumários de apuração de faltas não se constituem em instrumentos hábeis para a aplicação de sanções disciplinares de acordo com a atual ordem constitucional, que exige o devido processo administrativo disciplinar para aplicação de toda e qualquer sanção disciplinar, como bem se observa pela voz de José dos Santos Carvalho Filho ao se referir a esses meios:

Não há guarida, portanto, para tais mecanismos de apuração em face da atual Constituição. Aliás, nem se precisa ir muito longe. A cada momento em que um servidor é tido como merecedor de sanção, é lógico que a Administração o está acusando de prática de uma infração. Se é acusado, tem o direito à ampla defesa e ao contraditório. Mesmo que a infração seja leve e possa dar causa a uma mera advertência, deve-se instaurar o processo disciplinar e proporcionar o regular contraditório. Esse entendimento, já aceito entre os modernos doutrinadores, tem sido abonado por decisões judiciais, sensíveis ao quadro normativo constitucional e ao novo delineamento que vigora sobre a matéria. (CARVALHO FILHO, 2006, p. 820-821).

Importante ressaltar o entendimento do referido autor sobre os meios sumários para aplicação de sanções, especificamente acerca do termo de declarações, que poderia sugerir um processo, uma vez que se faz mediante a oitiva do acusado na presença de testemunhas, o qual pessoal e voluntariamente admite a sua responsabilidade pelo ato irregular. O citado autor considera esses meios sumários inconstitucionais quando utilizados como fundamento de aplicação de sanção disciplinar e, no que concerne ao termo de declarações, inobstante a aquiescência e confissão do acusado mesmo na presença de pelo menos duas testemunhas, só pode servir como instrumento que dê ensejo à abertura de um processo administrativo disciplinar.

No mesmo sentido, Romeu Felipe Bacellar Filho:

> A competência disciplinar não enseja o cabimento de "meios sumários", porque estes não são procedimento administrativo nem processo administrativo, únicas vias possíveis oferecidas pelo sistema constitucional à Administração. Se o processo e o procedimento são "canônicos", estão submetidos à [sic] cânones, a regras processuais; o 'meio' é como um jogo sem regras, fadado a perder-se no vazio.
> A sumariedade – seja para indicar um corte na cognição do julgador (ação sumária) ou um procedimento mais célere (plenários rápidos) – não pode acarretar a mutilação ou sequer a atenuação das garantias constitucionais do contraditório e da ampla defesa. [...] O contraditório e a ampla defesa somente não estarão presentes quando o ato a ser consumado não tiver possibilidade de, concretamente, atingir a esfera jurídica do destinatário de modo a gerar uma situação de litigância ou acusação. (BACELLAR FILHO, 2003, p. 106).

Constata-se que, também no entendimento desse autor, os meios sumários somente podem ser aceitos face à ordem constitucional vigente se não afetarem em absoluto a esfera jurídica do destinatário, ou seja, não podem limitar seus direitos à liberdade ou à propriedade. Quer dizer, somente podem servir para constatar a ocorrência do fato e a existência de indícios de autoria. Verificado isso, o instituto da justa causa no Direito Penal, terá início o processo administrado disciplinar para apuração de falta que possa redundar em aplicação de sanção disciplinar. Ou seja, os meios sumários para apuração de transgressão disciplinar somente podem funcionar como instrumentos que motivem a instauração de processo administrativo disciplinar, tendo a mesma finalidade do inquérito policial para a instauração do processo judicial.

O fato de existirem diversas leis regulando o processo administrativo disciplinar brasileiro tem gerado muita confusão em torno dos termos sindicância e processo administrativo, pois muitas delas têm previsto a sindicância para apuração de faltas consideradas leves e aplicação de sanção disciplinar, quando for o caso.

O conceito de sindicância definido pela doutrina supracitada não admite seu uso como fundamento para punir o servidor, haja vista suas características serem incompatíveis com tal função, tais como seu caráter inquisitório, ausência de publicidade e não observância do contraditório e da ampla defesa.

Entretanto, o que se nota é que o termo sindicância, adotado por muitas leis como instrumento hábil à apuração de faltas e punição de servidores, não se reveste das características de procedimento preparatório, de apuração preliminar com a finalidade de embasar a instauração de um processo principal, mas das características de um verdadeiro processo principal, possuindo caráter acusatório e obedecendo à publicidade, ao contraditório e à ampla defesa. Deve-se, neste caso, privilegiar o conteúdo em detrimento da nomenclatura, como bem explica Romeu Felipe Bacellar Filho:

> Uma lei não será inconstitucional simplesmente por estabelecer a sindicância para a apuração e aplicação de sanções leves e o processo disciplinar, para sanções mais graves. Na verdade, está disciplinando procedimentos diferenciados para aplicação das sanções. Desde que o contraditório e a ampla defesa estejam assegurados, tanto a sindicância quanto o processo disciplinar atenderão a exigência constitucional do processo administrativo. (BACELLAR FILHO, 2003, p. 91).

Desde que preencha os requisitos constitucionais exigidos, a sindicância deixa de ser simples procedimento preparatório e qualifica-se como verdadeiro processo administrativo, quer dizer, procedimento em contraditório. Ao observar o contraditório, a ampla defesa e a publicidade, princípios exigidos pela Constituição, a sindicância deixa de se revestir de caráter inquisitorial, próprio dos inquéritos policiais, e passa a ter natureza acusatória, característica dos processos. Assim, por seu conteúdo, não corresponde mais ao inquérito policial da ação penal, mas passa a se constituir em verdadeiro processo principal. Dessa forma, a sindicância apresenta substância de processo, se constituindo em verdadeiro processo administrativo disciplinar, legítimo instrumento de apuração de faltas e aplicação de punições, por mais gravosas que sejam.

Capítulo 3: Contraditório

O princípio do contraditório vem expresso no texto constitucional no art. 5º, inc. LV: "aos litigantes, em processo judicial ou administrativo, e aos acusados em geral são assegurados o contraditório e ampla defesa, com os meios e recursos a ela inerentes". É corolário, juntamente com a ampla defesa, do devido processo legal, expresso no inc. LV do art. 5º da Constituição da República: "ninguém será privado da liberdade ou de seus bens sem o devido processo legal".

É, como visto, um direito e uma garantia constitucional de todo cidadão que esteja em situação de litigância ou de acusado, quer seja na esfera judicial quer seja na administrativa. A Lei nº 9.784/99 também prevê o princípio do contraditório no seu art. 2º. Observe-se que nem o texto constitucional nem o texto legal excepcionam qualquer situação ou pessoa.

O contraditório se configura pela possibilidade que tem o litigante ou acusado de contradizer, contestar, redarguir, impugnar atos e atividades, produzir provas, interpor recursos, enfim, proceder a toda e qualquer intervenção que entenda necessária no sentido de fazer valer o seu ponto de vista como parte no processo.

Maria Sylvia Zanella Di Pietro (2005, p. 608), referindo-se ao contraditório, infere que o mesmo é "inerente ao direito de defesa, é decorrente da bilateralidade do processo: quando uma das partes alega alguma coisa, há de ser ouvida também a outra, dando-se-lhe oportunidade de resposta." Prossegue afirmando que presume o conhecimento de todos os atos processuais pelo acusado e seu direito de reagir ou responder às acusações e considera que a sua observância exige que a parte interessada seja notificada dos atos processuais, que haja a possibilidade do exame das provas constantes do processo, que se efetive o direito de assistir à inquirição das testemunhas e o direito de apresentar defesa por escrito.

No mesmo sentido, Odete Medauar (2006, p. 168-169) entende que o contraditório "propicia ao sujeito a ciência de dados, fatos, argumentos, documentos, a cujo teor ou interpretação pode reagir, apresentando, por seu lado, outros dados, fatos, argumentos, documentos." E prossegue atestando seus desdobramentos mais significativos, que são a informação geral, significando o direito de obter conhecimento dos fatos que deram origem ao processo e todos os documentos, provas e dados nele contidos; a ouvida dos sujeitos ou audiência das partes, incluindo-se aí o direito paritário de produzir provas e vê-las realizadas e apreciadas, o que consiste na "possibilidade de manifestar o próprio ponto de vista sobre os fatos, documentos, interpretações e argumentos apresentados pela Administração e por outros sujeitos"; e a motivação, que propicia as condições de se verificar que a autoridade administrativa levou efetivamente em consideração as manifestações dos sujeitos.

Celso Ribeiro Bastos e Ives Gandra Martins (apud GASPARINI, 2006, p. 951) entendem, ao se referirem ao contraditório, que a "todo ato produzido caberá igual direito da outra parte de opor-se-lhe ou dar-lhe a versão que lhe convenha, ou ainda de oferecer uma interpretação jurídica diversa daquela feita pelo autor", concluindo que o processo tem caráter dialético, caminhando "através de contradições a serem finalmente superadas pela atividade sintetizadora do juiz".

As decisões processuais se definem mediante o embate das partes, que apresentam suas razões e se contradizem reciprocamente. Ao agirem dessa maneira, as partes constroem, na presença do julgador, a verdade objeto da decisão. As partes e o juiz não possuem, *per se* e *a priori*, a verdade. Esta se revela por meio do processo dialético, pelo embate dos contrários, que dando dinamicidade ao processo, permite que este caminhe em direção à sua solução. O processo, sendo dinâmico, está em constante movimento. Este movimento é proporcionado pelo efetivo emprego do contraditório, que faz com que o processo seja o instrumento de revelação ou construção da verdade, o que permite ao julgador tomar uma decisão consoante a razão e nela fundamentada.

Nas palavras de José Souto Maior Borges:

> A interpretação é sempre um *explicare*, um desdobrar um sentido originariamente velado pela ordem jurídica. O *suum cuique tribuendi* somente se manifesta à luz do entendimento humano pelo fenômeno do desvelamento. Assim como a natureza, também o direito ama ocultar-se. Toda interpretação é uma lâmpada de Diógenes à procura do justo. E nenhuma aplicação do Direito é possível sem prévia interpretação. (BORGES apud BACELLAR FILHO, 2003, p. 228).

O princípio do contraditório faz com que as decisões processuais sejam fruto de uma construção humana que parte da aplicação da norma jurídica ao caso concreto. A declaração do direito não é atividade exclusiva da Administração, mas de todos os sujeitos que participam do processo, justamente porque o contraditório se alicerça numa visão dinâmica e criativa das decisões processuais. A atual concepção do processo tem por base a participação de todos os seus integrantes na decisão, não se coadunando com uma Administração que decide unilateralmente. Todos os agentes envolvidos devem ser ouvidos e ter iguais oportunidades de participação. Este movimento é que permite à Administração chegar a uma decisão coerente, à construção de uma verdade com base no que foi apresentado e discutido no desenvolvimento do processo. Esta dinamicidade e este movimento inerentes ao processo somente se tornam possíveis em presença de um efetivo contraditório (BACELLAR FILHO, 2003, p. 228-229).

A verdade só pode ser atingida por meio da divergência de pensamentos inserida num diálogo. A dúvida só se dissipa pela contraposição de teses opostas. O resultado do processo interessa a todos, assim, não se pode admitir uma construção da verdade sem que todos os envolvidos dela participem. A decisão processual é a síntese de pensamentos opostos, é o vencimento do erro "através do pensamento coletivo da verdade." O contraditório se configura no "fato de todos os sujeitos oferecerem o próprio pensamento para o repensar dos outros." (BACELLAR FILHO, 2003, p. 229-230).

O processo pressupõe bilateralidade. É constituído por duas partes que se contrapõem, sendo o contraditório a forma de facilitação dessa contraposição das partes que, na presença do juiz, permite a busca da verdade no processo mediante a exposição dos fatos e sua subsunção à lei. O método do contraditório é o diálogo, pois é o diálogo que alarga a visão do julgador, favorecendo a formação de um juízo amplo, ponderado, fundamentado. O monólogo é restritivo, distorce a percepção do julgador e impede a que se chegue a uma solução razoável e legítima (BACELLAR FILHO, 2003, p. 231).

José Carlos Barbosa Moreira (apud BACELLAR FILHO, 2003, p. 231-232), dando entendimento sobre o "conhecimento humano da realidade", afirma que o mesmo é "unilateral e fragmentário por natureza, só pode tornar-se menos imperfeito na medida em que as coisas sejam contempladas por mais de um ângulo e se ponham em confronto as diversas imagens parciais assim colhidas."

Observa-se, dessarte, que o processo em seu desenvolvimento não comporta a verdade. Esta é buscada pela contraposição das partes na presença do julgador. As partes não apresentam a verdade na sua amplitude, mas de maneira parcial e fragmentária. A verdade se constrói por meio do embate de posições contrárias que se dá durante todo o curso do processo até a chegada da decisão final. A decisão, assim, é a síntese originada pelo entrechoque da tese e da antítese, que nada mais são do que as partes na defesa de suas posições. A verdade assim construída não pode ser absoluta pelo simples fato da real impossibilidade de sê-lo, mas é uma verdade construída de forma racional e com maior amplitude, haja vista ser calcada no concurso das opiniões de todos os interessados e ser construída num quadro de dinamicidade e movimento, só proporcionados por meio do processo dialético, que tem por pressuposto o contraditório. O Estado Democrático de Direito, em presença de litigância ou acusação, só pode subsistir respeitado o contraditório.

Nas palavras de Romeu Felipe Bacellar Filho:

> o contraditório tem por finalidade assegurar que a síntese (a decisão) decorra do ponderar da tese e da antítese. Segundo a doutrina processual moderna, o contraditório (somado à garantia de defesa) objetiva assegurar às partes equivalente possibilidade de influir na formação do convencimento do órgão julgador, no curso de todo o processo Trata-se de conteúdo positivo, apto a ir além da mera oposição ou resistência ao agir alheio. (BACELLAR FILHO, 2003, p. 233).

O contraditório não é incompatível com a situação de um dos opoentes ter a competência para decidir e simultaneamente manifestar interesse na solução da lide. Isto é o que ocorre no processo administrativo disciplinar, quando a Administração é parte interessada na punição do servidor ao mesmo tempo em que tem a competência para decidir o litígio.

O contraditório exige é que, neste caso, a Administração esteja em equivalência de posição com o servidor, sem hierarquia na apresentação das provas ou alegação dos fatos. Está preservado o direito do servidor de contestar, contradizer, impugnar, desconstruir, desmontar as alegações da autoridade ou órgão acusador sem que se queira colocá-lo em posição hierarquicamente inferior. Está ele em situação de plena igualdade, não só no direito de se manifestar como no de ver sua manifestação levada em conta na mesma proporção que a do acusador.

Nesta situação, Administração e servidor são partes, com todas as inferências decorrentes deste conceito. Há uma certa resistência na qualificação de partes (BACELLAR FILHO, 2003, p. 236-237) dada a supremacia da Administração ante o servidor, no entanto, na prevalência do contraditório, o entendimento não pode ser outro, conforme pondera Odete Medauar:

> Nota-se resistência ao uso do nome "partes" na relação processual administrativa, talvez como reflexo da não aceitação teórica da idéia de confronto de argumentos, pontos de vista, interpretações, nesta esfera, dada a posição da supremacia da autoridade administrativa; ou talvez para bem distingui-la do processo jurisdicional. (MEDAUAR apud BACELLAR FILHO, 2003, p. 237).

A própria Lei nº 9.784/99 refere-se aos participantes do processo contrapostos à Administração como administrados ou interessados e não como partes, no entanto, é fundamental, para o efetivo respeito ao contraditório, que ao servidor seja garantido que enfrente a Administração como parte e não como poder, sendo ambos vistos como sujeitos processuais em plena igualdade no processo. Basta lembrar que justamente o objetivo do contraditório é garantir a ambas as partes idêntica capacidade de influenciar a decisão do julgador por meio do convencimento (BACELLAR FILHO, 2003, p. 237-239).

Acerca do equilíbrio entre Administração e servidor, bem salienta Romeu Felipe Bacellar Filho:

> Extremamente delicada a situação do servidor acusado. Figura, no outro plano da relação processual, órgão que concentra a função de instruir e acusar, dotado de fortes poderes para, além de determinar todo o curso das provas e das alegações, formular novo juízo de acusação quando entender finda a fase probatória.
>
> O fato da autoridade administrativa concentrar tão contundente iniciativa não a exime de submeter-se à regra do contraditório. Pelo contrário, o contraditório imporá regras muito mais rígidas. Afinal, o servidor não pode ser colocado na condição de episódico interlocutor.
>
> Como bem salienta Elio FAZALLARI, qualquer que seja o poder inquisitorial do autor do ato, quando se trata de prova a ser constituída, a produção deve ser feita na presença das partes e com igual direito de tomar parte nos debates (também a regra de exibição de documentos e coisas). (BACELLAR FILHO, 2003, p. 275-276).

Segundo Romeu Felipe Bacellar Filho (2003, p. 243-244), contraditório efetivo demanda defesa obrigatória. Por este entendimento, seria absolutamente necessária a dialética no processo administrativo disciplinar sob pena de nulidade. Situações em que o acusado não se apresentasse, não se defendesse ou abrisse mão de sua defesa deveriam ser alvo de especial atenção. A Administração, nesses casos, deveria nomear defensor dativo a fim de efetivar o contraditório. Isto, no entendimento do referido jurista, serviria para preservar não só os interesses do acusado, mas principalmente os da Administração quando pretendesse sancionar o servidor. Procedendo assim, agiria com correção e respeito ao Estado Democrático de Direito, cumprindo na sua plenitude a determinação constitucional ao mesmo tempo em que tornaria pública a imparcialidade e a isenção na persecução de seus intentos.

Em sentido diverso, o que parece ser a melhor opção, José dos Santos Carvalho Filho (2014, p. 1007) entende que em sede administrativa não há a necessidade da defesa do acusado caso esse a dispense ou se recuse a exercê-la,

> se o acusado não tiver qualquer interesse em defender-se no processo administrativo, seja por si, seja por meio de advogado, terá sempre a garantia de fazê-lo no processo judicial, porque é nesse sentido que dispõe o art. 5º, XXXV, da CF, que consagra o princípio do acesso à Justiça. (CARVALHO FILHO, 2014, p. 1057).

O contraditório deve ser observado em todas as fases do processo administrativo disciplinar. Inicia-se, assim, na fase de instauração quando da citação, que deve ser oportuna e adequada. Por oportuna entende-se imediatamente após a acusação e por adequada quando apta a deixar o acusado inteiramente ciente da acusação que lhe é imputada.

O ato de exteriorizar todas as circunstâncias que envolvem a acusação no momento da citação torna efetiva a possibilidade do acusado de contraditar, pois sem a perfeita compreensão acerca da acusação e das razões alegadas pelo acusador, torna-se inviável uma adequada oposição do acusado. Para isso é necessário que o ato de instauração do processo administrativo disciplinar esteja devidamente motivado; que a citação seja imediatamente posterior à instauração, a fim de que o processo se movimente em contraditório; e que o ato de citação contenha minuciosa descrição dos fatos imputados, da fundamentação e da sanção aplicável e possibilite tempo suficiente ao acusado para se manifestar antes da instrução, participando, assim, da delimitação do objeto da prova (BACELLAR FILHO, 2003, p. 245-248).

Reclama o contraditório que todo elemento introduzido no processo seja de prévio conhecimento das partes, não podendo ninguém ser condenado sem ser ouvido. Todavia, essa oitiva, segundo Lafayette Pondé (apud BACELLAR FILHO, 2003, p. 268), compreende "o direito de conhecer por inteiro todos os atos e elementos informativos do processo, fazer prova de suas alegações, assistir pessoalmente e com advogado a inquirição de testemunhas, podendo repergunta-las." Não há, dessa forma, nenhum elemento que possa fazer parte do processo que não tenha sido introduzido em contraditório. Daí a sua importância na fase de instrução.

A fase de defesa, como se tem observado, na verdade permeia todas as demais fases. Sua qualificação de antecedente do relatório merece consideração em função da peculiaridade desse momento processual, que se caracteriza por terem sido produzidas todas as provas e introduzidos todos os elementos que efetivamente poderão influir no convencimento do julgador. Assim, o acusado tem oportunidade de impugnar o conjunto probatório como um todo, antes da elaboração do relatório. Daí a caracterização desse momento como fase autônoma. Este fato não objetiva tornar a defesa estanque, limitada no tempo a este instante processual; o objetivo é justamente o oposto, é o de densificar a importância da defesa neste delicado momento do processo.

Após a fase da defesa chega-se à fase do relatório, que se constitui nas alegações finais do encarregado pela condução do processo administrativo disciplinar. O contraditório exige que, durante todo o desenvolvimento do processo, a cada manifestação da acusação, a defesa também tenha a oportunidade de se manifestar. Assim, o relatório deve estar devidamente motivado não só pelo fato de se configurar em peça informativa e opinativa para a tomada da decisão, mas também a fim de possibilitar as alegações finais da defesa, conforme orienta Romeu Felipe Bacellar Filho (2003, p. 289): "O contraditório manifesta-se como princípio dinâmico de ouvir-se a acusação, ouvir-se a defesa, em todos os momentos processuais importantes para a formação do convencimento do juiz administrativo", e prossegue: "às alegações finais da acusação devem seguir-se as da defesa, sob pena de quebra do liame contraditório entre os sujeitos processuais." Dessa forma, é imperiosa a manifestação do acusado após o relatório e antes da decisão, sob pena de ofensa ao contraditório e consequente nulidade do processo.

Por fim, chega-se à fase de julgamento, conformando-se na síntese da contraposição entre tese e antítese (BACELLAR FILHO, 2003, p. 290). É o momento processual no qual a autoridade julgadora, levando em conta o contraditório realizado, decide com base nas provas e nos elementos constitutivos do processo.

Capítulo 4: Ampla defesa

O princípio da ampla defesa está consagrado em sede constitucional no art. 5º, inc. LV, da Carta Política: "aos litigantes, em processo judicial ou administrativo, e aos acusados em geral são assegurados o contraditório e ampla defesa, com os meios e recursos a ela inerentes". Juntamente com o contraditório, fundamenta o devido processo legal, expresso no inc. LV, do art. 5º, da Constituição da República: "ninguém será privado da liberdade ou de seus bens sem o devido processo legal".

Segundo Romeu Felipe Bacellar Filho (2003, p. 297), é princípio constitucional "norteador de todo processo administrativo, inclusive, o disciplinar. Para que incida a garantia, no processo administrativo disciplinar, irrelevante a categoria do servidor [...] ou mesmo a categoria da sanção a ser regulada pela lei."

Prossegue o referido autor informando que, no "campo do direito administrativo brasileiro, a garantia de defesa no processo disciplinar foi o ponto de partida para a compreensão de que, num Estado Democrático de Direito, o regime das sanções administrativas deve ser o processual." (BACELLAR FILHO, 2003, p. 300).

Não há, dessa forma, no sistema constitucional brasileiro, sanção administrativa, qualquer que seja sua categoria, sem a observância da ampla defesa inserida em processo, independentemente da categoria do servidor. Ou seja, para a aplicação de toda e qualquer sanção administrativa, a todo e qualquer servidor, sem nenhuma exceção de categoria de sanção ou servidor, a Constituição exige explicitamente o rigoroso cumprimento do direito da ampla defesa desenvolvida em sede processual.

A ampla defesa garante ao servidor o direito de ter ciência de que está sendo acusado e o motivo da acusação; de ter vista dos autos do processo administrativo disciplinar em todas as suas fases a fim de tornar viável a apresentação de sua defesa, de produzir ou indicar as provas que julgar necessárias e vê-las consideradas no julgamento na mesma proporção que as da Administração; de acesso à defesa técnica quando hipossuficiente economicamente; de tomar ciência da realização de diligências e atos instrutórios com antecedência suficiente a proporcionar condições reais de acompanhá-los; de perguntar e reperguntar, de recorrer das decisões a fim de vê-las reconsideradas ou atenuadas (GASPARINI, 2006, p. 950).

A ampla defesa dirige-se também ao legislador que, segundo Manoel Gonçalves Ferreira Filho (apud GASPARINI, 2006, p. 950), está obrigado a "velar para que todo acusado tenha o seu defensor, zelar para que tenha ele pleno conhecimento da acusação e das provas que o alicerçam; e possam ser livremente debatidas essas provas ao mesmo tempo que se ofereçam outras (o contraditório propriamente)."

A ampla defesa garante ao acusado o direito a ser ouvido, de apresentar a viva voz sua versão dos fatos e de justificá-los. O desrespeito a esse direito gera a nulidade do processo (GASPARINI, 2006, p. 951).

Assim, conforme definido no art. 2º, p.u., inc. X, da Lei nº 9.784/99, o direito de ampla defesa significa o direito "à comunicação, à apresentação de alegações finais, à produção de provas e à interposição de recursos, nos processos que possam resultar sansões e nas situações de litígio". Como se observa, o princípio do contraditório é inerente ao da ampla defesa, uma vez que, como visto, decorre da bilateralidade do processo e se substancia pela exigência, em sede de processo administrativo disciplinar, de que a parte seja ouvida sempre que a outra se manifestar, a fim de que tenha a oportunidade de responder às alegações da outra (DI PIETRO, 2005, p. 608).

A efetividade da ampla defesa está condicionada à obediência a diversos preceitos ínsitos no seu significado, sem os quais torna-se vazia e desprovida de sentido, não passando de mera formalidade a robustecer o arbítrio do Estado, uma vez que sua existência somente no plano formal a degenera em instrumento de legitimação do autoritarismo da Administração, situação esta incompatível com o Estado Democrático de Direito formalmente instituído no Brasil.

Bem por isso, serão, a seguir, analisados esses preceitos, a saber, a presunção de inocência; a necessidade de anterioridade de defesa; a autodefesa e a defesa técnica; o direito à prova; e o direito de petição.

Com relação ao primeiro preceito da ampla defesa, a *presunção de inocência*, Romeu Felipe Bacellar Filho (2003, p. 304) adverte que "Somente através do processo o Estado-Administração pode exercitar a competência disciplinar – não há sanção administrativa sem processo – porque a condenação só é legítima quando resulta de um processo válido", e ressalta, "Antes de cumprido o *iter* processual, o servidor acusado é considerado presumivelmente inocente."

O mesmo autor, citando Venero Caetano da Fonseca, esclarece que o processo não existe para punir o acusado, mas para esclarecer os fatos. Dessa forma, o princípio da presunção de inocência é da essência da ampla defesa, haja vista o servidor não poder ser considerado culpado até que a autoridade julgadora se manifeste definitivamente por meio de sua decisão fundamentada nas provas e nos elementos do processo (BACELLAR FILHO, 2003, p. 304).

Assim, quaisquer medidas coercitivas tomadas no decorrer do processo administrativo disciplinar são cautelares e devem estar fundamentadas na sua real necessidade para o regular prosseguimento do processo, sendo vedado, em função dessas medidas, qualquer prejulgamento (BACELLAR FILHO, 2003, p. 305).

O princípio da presunção de inocência está expresso no art. 5º, inc. LVII, da Constituição da República: "ninguém será considerado culpado até o trânsito em julgado de sentença penal condenatória". O direito à ampla defesa, "com os meios e recursos a ela inerentes", reclama a extensão e aplicação deste princípio ao processo administrativo disciplinar, uma vez que só os culpados devem ser punidos pela Administração e que a culpabilidade só pode ser imputada quando confirmada em processo que observe as garantias e direitos fundamentais do indivíduo (BACELLAR FILHO, 2003, p. 305-306).

O segundo preceito, a *anterioridade da defesa*, impõe que o indivíduo seja ouvido antes de sofrer qualquer tipo de sanção. Este preceito reclama o desenvolvimento de processo para a aplicação de qualquer tipo de pena, seja ela leve ou grave, ficando proibidos os meios sumários para aplicação de sanções administrativas. Prestigia não só o princípio de justiça, mas também o de eficácia, pois permite um melhor esclarecimento dos fatos antes da decisão final. Mesmo se tratando de fato notório é imperioso que o acusado seja antes ouvido a fim de que tenha a oportunidade de apresentar a sua versão do acontecido (BACELLAR FILHO, 2003, p. 309).

O terceiro preceito comporta duas disposições, a *autodefesa e defesa técnica*. A autodefesa se configura na possibilidade do acusado agir no sentido de evitar que sofra uma sanção. Encerra o direito de presença e o direito de audiência. O direito de presença significa que ao acusado é reconhecido o direito de assistir pessoalmente a todos os atos do processo e o direito de audiência estabelece a faculdade do acusado de pronunciar-se, contraditar toda prova ou fato que seja apresentado pela Administração, que sua manifestação seja substancialmente considerada e que tenha contato direto com o encarregado do processo. É preceito inerente à ampla defesa (BACELLAR FILHO, 2003, p. 310-312).

A defesa técnica é a realizada por advogado. Segundo Elbert da Cruz Heuseler (2007, p. 51), no caso de apuração de transgressões de que resultem sanções de menor gravidade, deve ser uma opção do acusado, que decidirá da sua necessidade ou não, devendo ver sua decisão acatada pela Administração.

Já para a aplicação de sanções graves, obtempera Odete Medauar (apud (BACELLAR FILHO, 2003, p. 311) que a ampla defesa "com os meios e recursos a ela inerentes" demanda orientação jurídica exercida por um profissional especialista. Caso o servidor não disponha de meios para providenciá-lo ou não queira constituí-lo, deve a Administração prover um defensor dativo conforme previsto no processo penal.

A Lei n° 9.784/99 prevê a defesa técnica no seu art. 3°, inc. IV: "O administrado tem os seguintes direitos perante a Administração, sem prejuízo de outros que lhe sejam assegurados: [...] fazer-se assistir, facultativamente, por advogado, salvo quando obrigatória a representação, por força de lei."

Ao referir-se às situações em que haja a possibilidade de aplicação de sanções, entende Elbert da Cruz Heuseler:

> melhor seria que em todos os processos disciplinares o acusado tivesse a assessoria e orientação, pelo menos prévia, de um profissional da área jurídica, a fim de que os seus direitos assegurados em preceitos constitucionais fossem observados, cabendo até a nomeação de defensor dativo se ausente. (HEUSELER, 2007, p. 55).

Entretanto, pelas especificidades do campo militar, de suas transgressões e das sanções próprias, entende-se pela inteligência do enunciado da Súmula Vinculante nº 5, de 16 de maio de 2008, do Supremo Tribunal Federal, *in verbis:* "A falta de defesa técnica por advogado no processo administrativo disciplinar não ofende a Constituição."

Todavia, nos casos em que o servidor se manifestar no sentido da necessidade de defesa técnica, entende-se que, a fim de que lhe seja disponibilizada toda a defesa possível, deve ser atendido no seu pleito, devendo ainda a Administração, no caso de hipossuficiência, providenciar a assistência de defensor dativo.

O quarto preceito é o *direito à prova*. Prova é, no conceito de Alexandre Freitas Câmara (2006, p. 403), "todo elemento que contribui para a formação da convicção do juiz a respeito da existência de determinado fato". Completa o referido autor que é "tudo aquilo que for levado aos autos com o fim de convencer o juiz de que determinado fato ocorreu".

O direito à prova consiste no uso, pelo acusado, de todos os meios que julgue necessários para influenciar na formação da convicção do órgão julgador quando for tomar a sua decisão (BACELLAR FILHO, 2003, p. 313).

Juan Picó y Junoy (apud BACELLAR FILHO, 2003, p. 313-314) entende que o direito à prova presume o direito à admissão de toda prova proposta por qualquer das partes, desde que respeite os limites impostos pela atividade probatória; que a prova seja de fato admitida, praticada e valorada, sob pena de não se tornar efetivo o referido direito; e direito de participar na produção de todas as provas, independentemente de qual das partes a solicitou.

As presunções legais estão vinculadas ao direito à prova, pois a parte não pode ser privada de apresentar a sua versão dos fatos em função delas. A parte tem o direito de debater todos os fatos, inclusive os presumidos. Como decorrência desse entendimento, o silêncio do acusado, no processo administrativo disciplinar, não pode ser reputado em seu desfavor, uma vez que o direito ao silêncio ou da não autoincriminação encontra-se expresso no art. 5º, inc. LXIII, da Constituição da República, e mesmo que assim não fosse, é da essência do devido processo (BACELLAR FILHO, 2003, p. 314-316).

Entende Romeu Felipe Bacellar Filho (2003, p. 316) que este preceito "impõe às autoridades administrativas o dever de advertir o acusado do seu direito ao silêncio antes do interrogatório ou de qualquer outra forma de oitiva daquele, sob pena de ilicitude da prova que este fizer contra si."

Nesta linha, o princípio de presunção de legitimidade do ato administrativo resta limitado pelo direito à prova, que atribui à Administração o dever de provar e motivar todas as suas decisões no processo administrativo disciplinar.

É ainda importante lembrar que o processo não tem por finalidade a busca da verdade a qualquer preço, fato este que autorizaria a tortura ou o assédio moral. Antes, é um instrumento técnico e moral que garante ao acusado uma defesa efetiva. Caso seja negado ao acusado a produção de provas, o processo deixa de ser um meio no qual há paridade entre as partes (BACELLAR FILHO, 2003, p. 316-317).

Por fim, o quinto e último preceito da ampla defesa, o *direito de petição*, encontra-se positivado no art. 5º, inc. XXXIV, da Constituição de 1988: "são a todos assegurados, independentemente do pagamento de taxas: a) o direito de petição aos Poderes Públicos em defesa de direitos ou contra ilegalidade ou abuso de poder".

A garantia da revisibilidade das decisões processuais resta reforçada pelo direito de petição, que se manifesta em sede de processo administrativo disciplinar como direito de interpor recurso administrativo, uma vez que o recurso enquadra-se tanto como "meios e recursos" inerentes à ampla defesa quanto direito fundamental de petição.

A Lei nº 9.784/99 consagra o direito de petição no seu art. 56: "Das decisões administrativas cabe recurso, em face de razões de legalidade e de mérito." Romeu Felipe Bacellar Filho (2003, p. 320) ensina que o conceito deve ser ampliado para o campo da prova, de forma a ser possível a exigência da revisibilidade das decisões proferidas na fase de instrução e não só na decisão final. Esta ampliação corresponde ao direito de controlar a produção da prova realizada pela Administração.

Por fim, a não atribuição de efeito suspensivo ao recurso administrativo deve ser motivado quando da aplicação da sanção e fica vedada a *reformatio in pejus* no atual ordenamento jurídico constitucional por se configurar em desestímulo à interposição de recursos e, assim, ferir o princípio da ampla defesa. No entanto, tem sido aceita a *reformatio in pejus* nos casos em que a autoridade julgadora demonstra a sua intenção de agravar a sanção em sede recursal, desde que abra nova oportunidade de ampla defesa ao acusado acerca do agravamento (BACELLAR FILHO, 2003, p. 320-321), conforme prevê o art. 64, *caput*, e seu parágrafo único, da Lei nº 9.784/99:

> Art. 64. O órgão competente para decidir o recurso poderá confirmar, modificar, anular ou revogar, total ou parcialmente, a decisão recorrida, se a matéria for de sua competência.
> Parágrafo único. Se da aplicação do disposto neste artigo puder decorrer gravame à situação do recorrente, este deverá ser cientificado para que formule suas alegações antes da decisão.

Capítulo 5: Processo administrativo disciplinar do Exército Brasileiro

O processo administrativo disciplinar no Exército Brasileiro é uma das inúmeras espécies de processo administrativo disciplinar, estando, dessa forma, subordinado aos preceitos que regulam esse gênero de processo.

Em sede constitucional, encontra-se regulado nos arts. 5º e 142 da Carta Magna. Em sede legal e infralegal, é regulado pela seguinte legislação: Lei nº 5.836, de 05 de dezembro de 1972, – Conselho de Justificação –; Decreto nº 71.500, de 05 de dezembro de 1972, – Conselho de Disciplina –; Lei nº 6.880, de 09 de dezembro de 1980, – Estatuto dos Militares –; Lei nº 9.784, de 29 de janeiro de 1999, – regula o processo administrativo no âmbito da Administração Pública Federal –; Portaria nº 107, do Comandante do Exército, de 13 de fevereiro de 2012, – aprova as Instruções Gerais para a Elaboração de Sindicância no Âmbito do Exército Brasileiro (EB10-IG-09.001) –; e Decreto nº 4.346, de 26 de agosto de 2002, – Regulamento Disciplinar do Exército (RDE).

A Lei nº 5.836/72 e o Decreto nº 71.500/72 regulam respectivamente o Conselho de Justificação e o Conselho de Disciplina. O Conselho de Justificação destina-se a julgar, por meio de processo especial, da incapacidade do

Oficial das Forças Armadas, quando de carreira, para permanecer na ativa, ou da incapacidade do Oficial da reserva remunerada ou reformado de permanecer na situação de inatividade, conforme definido em seu art. 1º, *caput* e parágrafo único.

O Conselho de Disciplina tem a mesma finalidade do Conselho de Justificação, só que aplicado ao Guarda-Marinha, ao Aspirante-a-Oficial e às Praças das Forças Armadas com estabilidade assegurada, conforme se observa no seu art. 1º, *caput* e parágrafo único.

Ambos os Conselhos são Tribunais de Honra (ASSIS, 2008, p. 281), se constituindo em processos especiais que têm por finalidade excluir o Oficial de carreira e a Praça com estabilidade assegurada, das Forças Armadas, da situação de atividade e o Oficial e a Praça da reserva remunerada ou reformados, das Forças Armadas, da situação de inatividade em que se encontram, ao mesmo tempo em que visam criar condições para que se defendam. Esta finalidade encontra-se expressa no art. 1º, *caput* e parágrafo único da Lei e do Decreto que regulam os referidos Conselhos. Dessa forma, ambos os Tribunais de Honra refogem ao objeto desta pesquisa, motivo pelo qual não serão aqui analisados.

Ressalte-se que a Lei nº 9.784/99 é aplicada subsidiariamente ao processo administrativo disciplinar do Exército Brasileiro, conforme estabelece seu art. 69 e, por referir-se fundamentalmente a preceitos constitucionais, encontra-se no universo da legislação que regula o referido processo, sendo objeto de estudo do presente trabalho juntamente com o restante da legislação supracitada.

1. Natureza das Forças Armadas

Antes de se iniciar um estudo do tema propriamente dito, quer dizer, do processo administrativo disciplinar do Exército Brasileiro, necessário se faz levar em conta a natureza da Instituição Militar, disciplinada no art. 142 da Constituição da República, onde são definidas as Forças Armadas como instituições nacionais, permanentes e regulares, sendo constituídas pela Marinha, pelo Exército e pela Aeronáutica. Estão sob a autoridade suprema do presidente da República, têm por pilares fundamentais a *hierarquia* e a *disciplina* e destinam-se à defesa da Pátria, à garantia dos poderes constitucionais e, por iniciativa de qualquer deles, à garantia da lei e da ordem.

A Constituição, no seu art. 142, ao definir a organização das Forças Armadas com base na hierarquia e na disciplina, reconhece estes dois atributos como seus pilares fundamentais, alicerces sobre os quais toda a Instituição Militar se estrutura. Se configuram, assim, nos princípios constitucionais que norteiam a organização e o funcionamento da Instituição Militar, o que os caracteriza como valores fundantes a permear e a sustentar os mais profundos e arraigados apanágios definidores da essência da atividade militar, isto é, a hierarquia e a disciplina são a natureza mesma das Forças Armadas.

O art. 14 do Estatuto dos Militares estabelece a hierarquia e a disciplina como base institucional das Forças Armadas, crescendo a autoridade e a responsabilidade com o grau hierárquico. Define ambos os conceitos nos parágrafos 1º e 2º e no 3º estabelece que devem ser rigorosamente observados em todas as circunstâncias da vida dos militares:

Art. 14. A hierarquia e a disciplina são a base institucional

65

das Forças Armadas. A autoridade e a responsabilidade crescem com o grau hierárquico.

§ 1º A hierarquia militar é a ordenação da autoridade, em níveis diferentes, dentro da estrutura das Forças Armadas. A ordenação se faz por postos ou graduações; dentro de um mesmo posto ou graduação se faz pela antiguidade no posto ou na graduação. O respeito à hierarquia é consubstanciado no espírito de acatamento à seqüência de autoridade.

§ 2º Disciplina é a rigorosa observância e o acatamento integral das leis, regulamentos, normas e disposições que fundamentam o organismo militar e coordenam seu funcionamento regular e harmônico, traduzindo-se pelo perfeito cumprimento do dever por parte de todos e de cada um dos componentes desse organismo.

§ 3º A disciplina e o respeito à hierarquia devem ser mantidos em todas as circunstâncias da vida entre militares da ativa, da reserva remunerada e reformados.

O Regulamento Disciplinar do Exército (RDE) define hierarquia no seu art. 7º como sendo "a ordenação de autoridade, em níveis diferentes, por postos e graduações" e disciplina, no art. 8º, como "a rigorosa observância e o acatamento integral das leis, regulamentos, normas e disposições, traduzindo-se pelo perfeito cumprimento do dever por parte de todos e de cada um dos componentes do organismo militar." O § 1º do mesmo art. 8º assenta que são manifestações essenciais de disciplina a correção de atitudes, a obediência pronta às ordens dos superiores hierárquicos, a dedicação integral ao serviço e a colaboração espontânea para a disciplina coletiva e para a eficiência das Forças Armadas.

O fato do Exército Brasileiro se alicerçar sobre os princípios constitucionais da hierarquia e da disciplina militares, faz destes princípios a pedra angular sobre a qual o processo administrativo disciplinar militar é qualificado, distinguindo-se, em virtude deste fato, dos demais processos administrativos disciplinares aplicados às diferentes áreas da Administração Pública. Isto ocorre porque suas especificidades em relação ao gênero que o enquadra, o processo administrativo disciplinar estudado nos capítulos precedentes, se darão em função destes dois pilares básicos.

É por isso mesmo que, conforme já analisado no capítulo 2, houve por bem ao constituinte originário estabelecer uma unidade constitucional ao mesmo tempo em que uma heterogeneidade legal para a apuração de transgressões e a aplicação de sanções na esfera administrativa, quando, cada ente da Federação ou cada órgão do Estado deve ter o seu próprio estatuto disciplinar orientado pelos ditames constitucionais e subordinado direta e unicamente à Constituição da República. Assim, abre-se a possibilidade da adequação do processo administrativo disciplinar às características peculiares à área da Administração dentro da qual deverá produzir seus efeitos, respeitadas as determinações constitucionais. A não observância a essas peculiaridades pode ter por consequência a não efetividade do estatuto disciplinar, quando se tornará mera letra morta ou, na pior das hipóteses, pode causar um mal maior ao desfigurar o campo dentro do qual será aplicado.

Como também já foi salientado, a Lei nº 9.784, de 29 de janeiro de 1999, que regula o processo administrativo *lato sensu*, no âmbito da Administração Pública Federal, deve ser observada por todos os órgãos do Estado em todos os entes da Federação, uma vez que expressa as determinações constitucionais, servindo de aio para uma correta aplicação da Constituição e consistindo a sua não observância em afronta à própria Constituição.

Algumas das peculiaridades da Instituição Militar que vindicam uma diferenciação do processo administrativo disciplinar militar dos processos administrativos disciplinares dos outros órgãos do Estado já podem ser percebidas no próprio art. 142 da Constituição, a exemplo do não cabimento de *habeas corpus* em relação a punições disciplinares militares (§ 2º); a proibição, ao militar, da sindicalização e da greve (§ 3º, inc. IV); e a vedação ao militar da ativa de se filiar a partidos políticos (§ 3º, inc. V).

Essas características peculiares da Instituição Militar compulsam à consideração, em qualquer estudo sobre a apuração de transgressões disciplinares e a aplicação de sanções militares, de que a carreira militar não é apenas um emprego ou uma mera profissão, mas um verdadeiro sacerdócio, uma vez que requer do profissional uma dedicação e uma entrega que vão muito além daquilo que, em termos trabalhistas, poderia ser juridicamente exigível de um cidadão no mundo livre, impondo uma série de restrições imprescindíveis ao exercício da atividade militar, o que pode culminar com o sacrifício da própria vida se isto for necessário para o cumprimento da missão. A missão é o farol do militar, e o seu cumprimento está acima até mesmo da preservação da sua vida. Essas especificidades da Instituição Militar precisam ser levadas em conta quando da conformação e da efetivação do processo administrativo disciplinar militar.

O Manual de Fundamentos do Exército Brasileiro elenca e define as características da carreira militar, disponibilizando-as no *site* oficial da Instituição, de maneira que todo cidadão que decida seguir a carreira das Armas tem a possibilidade de conhecer perfeitamente bem as privações a que estará sujeito e o desprendimento que deverá caracterizar a sua vida e a da sua família. Esse registro tem ainda por efeito lembrar a todo momento àqueles que já se decidiram pela carreira no Exército das diferenças marcantes que qualificam a vida de todo cidadão cujo métier é a atividade militar.

Por isso, a fim de se ter uma melhor compreensão das especificidades do campo militar que o distinguem das demais áreas da Administração Pública e das influências que essas especificidades exercem sobre o desenvolvimento do processo administrativo disciplinar militar, é imperioso que essas especificidades sejam conhecidas e consideradas quando da apuração de transgressões disciplinares e da aplicação de sanções militares mediante a efetivação do devido processo administrativo visando a preservação da hierarquia a da disciplina militares, pilares da Instituição Militar. Assim, entende-se necessário conhecê-las. São elas:

4.2.1 RISCO DE VIDA

Durante toda a sua carreira, o militar convive com o risco. Seja nos treinamentos, na sua vida diária ou na guerra, a possibilidade iminente de um dano físico ou da morte é um fato permanente de sua profissão. Como consta do juramento do soldado, o exercício da atividade militar, por natureza, exige o comprometimento da própria vida:

*"Prometo cumprir rigorosamente as ordens das autoridades a que estiver subordinado, respeitar os superiores hierárquicos, tratar com afeição os irmãos de armas e, com bondade os subordinados, e dedicar-me inteiramente ao serviço da pátria, cuja honra, integridade e instituições defenderei **com o sacrifício da própria vida***".

4.2.2 SUJEIÇÃO A PRECEITOS RÍGIDOS DE DISCIPLINA E HIERARQUIA

Ao ingressar nas Forças Armadas, o militar tem de obedecer a severas normas disciplinares e a estritos princípios hierárquicos, que condicionam toda a sua vida pessoal e profissional.

4.2.3 DEDICAÇÃO EXCLUSIVA

O militar não pode exercer qualquer outra atividade profissional, o que o torna dependente de seus vencimentos e dificulta o seu ingresso no mercado de trabalho, quando na inatividade.

4.2.4 DISPONIBILIDADE PERMANENTE

O militar se mantém disponível para o serviço ao longo

das 24 horas do dia, sem direito a reivindicar qualquer remuneração complementar, compensação de qualquer ordem ou cômputo de serviço especial.

4.2.5 MOBILIDADE GEOGRÁFICA

O militar pode ser movimentado em qualquer época do ano, para qualquer região do país, residindo, em alguns casos, em locais inóspitos e de restrita infraestrutura de apoio à família.

4.2.6 VIGOR FÍSICO

4.2.6.1 As atribuições que o militar desempenha exigem-lhe elevado nível de saúde física e mental, não só por ocasião de eventuais conflitos, para os quais deve estar sempre preparado, mas, também, no tempo de paz.

4.2.6.2 O militar é submetido, durante toda a sua carreira, a periódicos exames médicos e testes de aptidão física, que condicionam a sua permanência no serviço ativo.

4.2.7 RESTRIÇÕES A DIREITOS TRABALHISTAS

O militar não usufrui de alguns direitos trabalhistas, de caráter universal, que são assegurados aos trabalhadores de outros segmentos da sociedade, dentre os quais se incluem:
- remuneração do trabalho noturno superior à do trabalho diurno;
- jornada de trabalho diário limitada a oito horas;
- obrigatoriedade de repouso semanal remunerado; e
- remuneração de serviço extraordinário, devido a trabalho diário superior a oito horas diárias.

4.2.8 FORMAÇÃO ESPECÍFICA E APERFEIÇOAMENTO CONSTANTE

O exercício da profissão militar exige uma rigorosa e diferenciada formação. Ao longo da vida profissional, o militar de carreira passa por um sistema de educação continuada, que lhe permite adquirir as competências específicas dos diversos níveis de exercício da profissão militar e realiza reciclagens periódicas para fins de atualização e manutenção dos padrões de desempenho.

4.2.9 VÍNCULO COM A PROFISSÃO

Mesmo na inatividade, o militar permanece vinculado à profissão. Os militares inativos, quando não reformados, constituem a "reserva" de 1ª linha das Forças Armadas, devendo se manterem prontos para eventuais convocações e retorno ao serviço ativo, conforme prevê a lei, independente de estarem exercendo outra atividade, não podendo, por tal motivo, se eximirem dessa convocação.

4.2.10 PROIBIÇÃO DE PARTICIPAR DE ATIVIDADES POLÍTICAS

O militar da ativa é proibido de filiar-se a partidos e de participar de atividades políticas, especialmente as de cunho político-partidário. Isso busca caracterizá-lo como servidor do Estado brasileiro.

4.2.11 PROIBIÇÃO DE SINDICALIZAR-SE E DE PARTICIPAR DE GREVES OU DE QUALQUER MOVIMENTO REIVINDICATÓRIO

O impedimento de sindicalização advém da rígida hierarquia e disciplina, cabendo ao comandante a responsabilidade pelo bem estar de seus comandados. A proibição de greve decorre do papel do militar na defesa do País e de seus interesses. Em sua tarefa prioritária e essencial para a Nação brasileira, o militar é insubstituível.

4.2.12 CONSEQUÊNCIAS PARA A FAMÍLIA

As exigências da profissão não ficam restritas à pessoa do militar, mas afetam, também, a vida familiar, considerando que:

a) o núcleo familiar não estabelece relações duradouras e permanentes na cidade em que reside, porque ali, normalmente, passa curto período de tempo;

b) formação do patrimônio familiar é extremamente dificultada;

c) a educação dos filhos é prejudicada;

d) o exercício de atividades remuneradas por cônjuge do militar fica comprometida. (MINISTÉRIO DA DEFESA, Portaria nº 012-EME, de 29 de janeiro de 2014, p. 4-2-4-6).

É de se ressaltar, entretanto, que as especificidades do processo administrativo disciplinar militar só podem ser válidas na medida em que observem a norma constitucional com todos os seus princípios e suas regras e não violem os preceitos gerais do processo administrativo disciplinar, gênero do qual é espécie.

Importante ficar claro que a hierarquia e a disciplina militares não são empregadas pelo Exército Brasileiro como justificativa para o não cumprimento das determinações constitucionais ou legais no que se refere ao processo administrativo disciplinar militar bem como não o são em qualquer outra esfera do campo militar; antes, ao contrário, contribuem para promover a sintonia da Instituição da qual servem de base com o ordenamento jurídico pátrio, de forma que, em hipótese alguma, se constituem em fundamento para o desrespeito aos direitos do cidadão, situação incompatível com a essência de um Estado Democrático de Direito e com a natureza do próprio Exército Brasileiro, como pode parecer, *a priori*, àqueles não conhecedores do campo militar. Com isto corrobora o fato de que todo militar é reconhecido e tratado como cidadão brasileiro pela Instituição Militar.

Dessa forma, o Exército Brasileiro, como uma das instituições públicas sustentáculos do Estado e portadora de grande credibilidade no âmbito da sociedade, tem a preocupação de observar as determinações constitucionais, suas normas, seus princípios, suas regras, e aplica-os ao seu processo administrativo disciplinar, o que pode ser observado inclusive no fato de que, após a Constituição de 1988, atualizou seu Regulamento Disciplinar, coadunando-o às diretrizes da Carta Política em vigor.

É nesse sentido que a Lei nº 9.784/99 tem aplicação subsidiária ao processo administrativo disciplinar do Exército. Isto é, deve ser observada no campo militar por ser essencialmente portadora de princípios constitucionais que regem o processo administrativo disciplinar geral. Em sentido contrário, entretanto, Jorge Cesar de Assis (2008, p. 322-326) defende a inaplicabilidade da referida Lei ao processo administrativo disciplinar militar.

O mesmo autor cita Mário Pimentel Albuquerque defendendo a inaplicabilidade, aos militares, dos princípios constitucionais da isonomia e da inafastabilidade do Judiciário, alegando para isto a imperiosa necessidade de preservação da hierarquia e da disciplina no campo militar. Sobre o tema, infere, entretanto, que inobstante isto, "o acesso ao Judiciário é incondicional, como garantia individual do militar que entenda sofrer lesão ou ameaça a direito seu, causado por ato disciplinar" (ASSIS, 2008, p. 157),

> Não se confunda, entretanto, lesão ou ameaça a direito (*que pressupõe um comportamento injusto ou ilegal do superior hierárquico*), com a simples apuração da falta e aplicação da penalidade cabível (*que é seu dever de ofício*), já que esta poderá estar sendo aplicada em decorrência de um comportamento comprovadamente contrário à disciplina e à hierarquia, praticado pelo militar em questão, que não tem como um direito seu constitucionalmente assegurado, o de cometer infrações. (ASSIS, 2008, p. 157).

A apuração da falta e a aplicação da penalidade cabível deve, contudo, estar revestida das formalidades constitucionais, quais sejam, desenvolver-se por meio de processo administrativo disciplinar em que sejam observados o contraditório e a ampla defesa.

Respeitados estes requisitos constitucionais, há que se observar que a palavra final acerca da ofensa ou não à hierarquia e à disciplina, por parte do agente através do seu comportamento, é da exclusiva competência da Administração Militar. Isto porque não cabe ao Judiciário analisar o mérito do ato administrativo, isto é, julgar questões de conveniência e oportunidade, restando limitado à análise da forma, sob pena de violação do art. 2º da Constituição da República, tema já pacificado tanto na doutrina quanto na jurisprudência (CARVALHO FILHO, 2006, p. 109-110).

Posições contrárias afrontam o princípio da separação dos Poderes, não podendo prosperar diante do atual ordenamento constitucional-legal brasileiro, haja vista se tratar de princípio estabelecido pela Constituição no seu art. 2º e erigido à categoria de cláusula pétrea no seu art. 60, § 4º, inc. III. A isto se soma o fato de que a afronta à hierarquia e à disciplina, por se tratarem de fundamentos institucionais, constitui-se em afronta à própria Instituição.

A Instituição Militar, por sua natureza, está fundamentada basicamente sobre valores. O valor militar é uma noção subjetiva que se manifesta através de alguns conceitos elencados no art. 27 do Estatuto dos Militares. São eles o patriotismo, que se traduz pela vontade inabalável de cumprir o dever militar bem como por um solene juramento de fidelidade à Pátria até com o sacrifício da própria vida; o civismo e o culto às tradições; a fé na elevada missão das Forças Armadas; o espírito de corpo, manifestado pelo orgulho do militar pela organização onde serve; o amor à profissão das Armas e o entusiasmo com a qual é exercida; e o aprimoramento técnico-profissional.

O Regulamento Disciplinar do Exército (RDE) enumera, nos arts. 3º e 4º, dois princípios de caráter geral que devem orientar todo posicionamento do profissional das Armas. São atitudes que devem ser incentivadas, buscadas e manifestadas a todo momento pelo militar. A primeira é a *camaradagem*, atributo indispensável à formação e ao convívio da família militar, uma vez que contribui para relações sociais saudáveis. É dever do militar incentivar e manter a harmonia e a amizade entre pares e subordinados e demonstrar camaradagem, cortesia e consideração, extensivas aos militares das nações amigas. A segunda é a *civilidade*, que faz parte da educação militar e é de interesse vital para a disciplina consciente. É dever do superior hierárquico tratar os subordinados com interesse e bondade, dispensando especial atenção aos recrutas, e obrigação do subordinado externar todas as provas de respeito e deferência aos superiores.

Ainda no que concerne a estes princípios gerais, o Regulamento Disciplinar do Exército (RDE), no art. 6º, define, no inc. I, a honra pessoal como o "sentimento de dignidade própria, como o apreço e o respeito de que é objeto ou se torna merecedor o militar, perante seus superiores, pares e subordinados". No inc. II, pundonor militar é definido como o "dever de o militar pautar a sua conduta como a de um profissional correto. Exige dele, em qualquer ocasião, alto padrão de comportamento ético que refletirá no seu desempenho perante a Instituição a que serve e no grau de respeito que lhe é devido". E, no inc. III, explica o decoro da classe como o "valor moral e social da Instituição. Ele representa o conceito social dos militares que a compõem e não subsiste sem esse."

A ética militar é regulada nos arts. 28 a 30 do Estatuto dos Militares. O art. 28 expressa a forma como o sentimento do dever, o pundonor militar e o decoro da classe impõem aos integrantes das Forças Armadas uma conduta moral e profissional irrepreensíveis. Nos seus incisos, enumera os preceitos que a manifestam, quais sejam, o amor à verdade e a responsabilidade como fundamento de dignidade pessoal; o exercício com autoridade, eficiência e probidade de todas as funções; o respeito à dignidade da pessoa humana; o cumprimento, e sua exigência por parte dos superiores, das leis, dos regulamentos, das instruções e das ordens das autoridades competentes; a justiça e a imparcialidade no julgamento dos atos e na apreciação do mérito dos subordinados; o zelo pelo preparo moral, intelectual e físico próprio e dos subordinados, objetivando o cumprimento da missão comum; o emprego de todas as energias em benefício do serviço; a prática da camaradagem e o permanente desenvolvimento do espírito de cooperação; a discrição nas atitudes, nas maneiras e na linguagem escrita e falada; a abstenção do trato, fora do âmbito apropriado, de matéria sigilosa; o acatamento às autoridades civis; o cumprimento dos deveres de cidadão; o procedimento ilibado na vida pública e na particular; a boa educação; a assistência moral e intelectual do lar; a postura, mesmo fora do serviço ou na inatividade, de atenção aos princípios da disciplina, do respeito e do decoro militar; a abstenção do uso do posto ou da graduação para obtenção de facilidades pessoais nos negócios particulares e de terceiros; a abstenção, na inatividade, do uso das designações hierárquicas em atividades político-partidárias, comerciais, industriais, de discussão ou provocação de discussões pela imprensa sobre assuntos políticos ou militares, à exceção de assuntos de natureza exclusivamente técnicos, quando autorizado, e de desempenho de cargos ou funções de natureza civil, mesmo que na Administração Pública; e o zelo pelo bom nome das Forças Armadas e de seus integrantes, obedecendo e fazendo obedecer os preceitos da ética militar.

No art. 29, o Estatuto dos Militares proíbe ao militar da ativa comerciar ou tomar parte na administração ou gerência de sociedade ou dela ser sócio ou participar, exceto como acionista ou quotista, em sociedade anônima ou por quotas de responsabilidade limitada. Nos seus parágrafos, proíbe aos integrantes da reserva, quando convocados, tratar de interesses de organizações ou empresas privadas nas Organizações Militares e nas repartições públicas civis. Autoriza aos militares da ativa a gestão dos seus bens e aos integrantes dos Quadros e Serviços de Saúde e Veterinária o exercício de atividades técnico-profissionais no meio civil, com a finalidade de aprimoramento da prática profissional, ambos, desde que não prejudique o serviço nem contrarie o presente artigo.

Os art. 30 estabelece que os Ministros das Forças Singulares (entenda-se Comandantes, haja vista a criação do Ministério da Defesa pela Lei Complementar nº 97, de

09 de junho de 1999, reunindo os antigos ministérios militares sob a autoridade do Ministro da Defesa) poderão determinar aos militares da ativa da respectiva Força que, no interesse da salvaguarda da dignidade dos mesmos, informem sobre a origem e natureza dos seus bens, sempre que houver razões que recomendem esta medida.

O art. 31 do Estatuto dos Militares conceitua os deveres militares:

> Art. 31. Os deveres militares emanam de um conjunto de vínculos racionais, bem como morais, que ligam o militar à Pátria e ao seu serviço, e compreendem, essencialmente:
> I – a dedicação e a fidelidade à Pátria, cuja honra, integridade e instituições devem ser defendidas mesmo com o sacrifício da própria vida;
> II – o culto aos Símbolos Nacionais;
> III – a probidade e a lealdade em todas as circunstâncias;
> IV – a disciplina e o respeito à hierarquia;
> V – o rigoroso cumprimento das obrigações e das ordens; e
> VI – a obrigação de tratar o subordinado dignamente e com urbanidade.

O art. 32 determina que todo cidadão, ao ingressar nas Forças Armadas, preste compromisso de honra, afirmando sua aceitação consciente das obrigações e dos deveres militares, quando manifestará sua firme disposição de bem cumpri-los. O art. 33 institui o caráter solene do juramento, que será feito à Bandeira, em presença de tropa ou guarnição formada, assim que o militar tenha adquirido grau de instrução compatível com o perfeito entendimento de seus deveres como integrante das Forças Armadas.

A violação das obrigações e dos deveres militares vem estatuída nos arts. 42 e seguintes do Estatuto dos Militares. Estabelece o art. 42 que a referida violação constituirá crime, contravenção ou transgressão disciplinar, conforme disponha a legislação ou regulamentação específica.

No âmbito do Exército Brasileiro só vigora o crime e a transgressão disciplinar, não havendo previsão de contravenção. Crime militar é assunto que escapa ao objeto do presente trabalho, motivo pelo qual só será abordada a transgressão disciplinar.

O art. 47 do referido Estatuto trata das transgressões disciplinares:

> Art. 47. Os regulamentos disciplinares das Forças Armadas especificarão e classificarão as contravenções ou transgressões disciplinares e estabelecerão as normas relativas à amplitude e aplicação das penas disciplinares, à classificação do comportamento militar e à interposição de recursos contra as penas disciplinares.
> § 1º As penas disciplinares de impedimento, detenção ou prisão não podem ultrapassar 30 (trinta) dias. [...]

Verifica-se, dessa forma, que o Estatuto dos Militares dispõe que, no âmbito do Exército Brasileiro, o Regulamento Disciplinar do Exército (RDE) é a legislação competente para normatizar o processo administrativo disciplinar e limita as punições privativas de liberdade, quaisquer que sejam, a 30 (trinta) dias.

Imperioso se faz, dessa forma, a compreensão da natureza das Forças Armadas a fim de se entender as especificidades do processo administrativo disciplinar militar em geral e do processo administrativo disciplinar do Exército Brasileiro em específico.

Observa-se que a destinação das Forças Armadas, quais sejam, a defesa da Pátria e a garantia dos poderes constitucionais, da lei e da ordem; sua base institucional, os princípios da hierarquia e da disciplina; as obrigações militares impostas pelo valor e pela ética militares; os deveres militares e a seriedade com que é tratada a violação tanto das obrigações quanto dos deveres, parecem tornar o processo administrativo disciplinar militar muito específico.

Deve-se levar em conta, ainda, o conteúdo desses conceitos, que são nobres e elevados, tais como patriotismo; civismo; culto às tradições; fé na elevada missão; espírito de corpo; amor à profissão; entusiasmo; civilidade; honra pessoal; pundonor militar; decoro da classe; amor à verdade; responsabilidade; autoridade; eficiência; probidade; dignidade da pessoa humana; justiça e imparcialidade; preparo moral, intelectual e físico; camaradagem e espírito de cooperação; discrição; boa educação; assistência moral e intelectual do lar; entre tantos outros.

Estes conceitos são essenciais a homens que se prestam a dar a própria vida em prol do cumprimento da missão, se para cumpri-la isto for necessário. Na verdade, o desprendimento de tais homens vai além disso, não se limita à entrega da vida para o cumprimento da missão, mas no simples cumprimento dela, pois não é o cumprimento da missão que justifica a entrega da própria vida, mas a mera tentativa de cumprir para com o seu dever. Daí a importância fundamental, para o militar, por exemplo, da fé elevada na missão, e de todos os outros valores positivados na legislação das Forças Armadas.

São conceitos que dizem respeito a valores, pertencentes ao campo da ética e da moral, que nas Forças Armadas foram positivados, interpenetrando-se na esfera do Direito. O meio militar promoveu uma verdadeira fusão dos campos da Ética, da Moral e do Direito. Assim, normas éticas e morais são positivadas e se tornam normas jurídicas, passíveis de serem exigidas coercitivamente.

As Forças Armadas e o Exército Brasileiro, como bem caracterizado nas linhas precedentes, ao positivarem no Estatuto dos Militares e no Regulamento Disciplinar do Exército (RDE) preceitos peculiares às áreas dos valores, da ética e da moral, e ao exigirem coercitivamente a observância a esses preceitos por parte de seus membros, demonstram sua preocupação com temas da mais relevante importância para uma Nação que pretenda se alicerçar no direito e considerar-se uma democracia, comprometendo-se com a preservação do bem comum, do interesse público e com o respeito aos direitos fundamentais.

Por esse mesmo motivo, esses preceitos não deveriam ser de forma alguma exclusivos da Instituição Militar, mas de toda Instituição Pública, quando deveriam se constituir em aspiração não só das Forças Armadas, mas de todo e qualquer órgão do Estado que objetivasse verdadeiramente cumprir sua finalidade. Entretanto, pelas especificidades da atividade e pela natureza do campo militar, esses preceitos imprescindivelmente necessitam se concretizar e se consagrar como a realidade deste campo.

Justamente em função disso, como se verá a seguir, o Exército Brasileiro tem tomado o máximo cuidado para não privilegiar a honra, os valores, a ética e a moral da Instituição em detrimento do respeito efetivo aos direitos individuais nos termos da Constituição de 1988. Uma Instituição Pública se fortalece quando aprende a conciliar sua própria preservação ética e moral, como tem demonstrado fazer o Exército Brasileiro por meio da legislação que define sua conformação e natureza, acima analisada, com o respeito aos princípios e valores consagrados na Constituição de 1988, observando os direitos e as garantias individuais na forma em que ali estão estabelecidos.

O Exército tem, assim, criado mecanismos que garantem ao militar acusado na via administrativa a oportunidade de se defender exaustivamente, ainda que esta não seja a última instância de apreciação da questão, restando ainda a via judicial à disposição do transgressor, construindo suas decisões disciplinares por meio do processo dialético, só possível em presença do contraditório. São exemplos dessa preocupação da Instituição o novo Regulamento Disciplinar do Exército (RDE) em vigor, datado de 2002, elaborado com a finalidade de uma maior adequação do processo administrativo disciplinar aos ditames da Constituição de 1988, e da Portaria n° 107, do Comandante do Exército, de 13 de fevereiro de 2012, que deu vigência às novas Instruções Gerais para a Elaboração de Sindicância no Âmbito do Exército Brasileiro (EB10-IG-09.001), instrumentos que regulam a condução do processo administrativo disciplinar no âmbito do Exército.

2. Sistemática do processo disciplinar no Exército

O Regulamento Disciplinar do Exército (RDE) tem por finalidade regular as transgressões disciplinares e normatizar as correspondentes punições, o comportamento militar das Praças, os recursos e as recompensas, conforme define seu art. 1°. O art. 2°, *caput* e seus parágrafos, estabelece sua competência subjetiva, abarcando os militares do Exército na ativa, na reserva remunerada e os reformados, excetuando os oficiais-generais nomeados ministros do Superior Tribunal Militar, regidos por legislação específica. Estabelece ainda que o militar agregado subordina-se às autoridades militares e civis com as quais se relaciona no que se refere a obrigações disciplinares.

O art. 14 do Regulamento Disciplinar do Exército (RDE) define transgressão disciplinar como "toda ação praticada pelo militar contrária aos preceitos estatuídos no ordenamento jurídico pátrio ofensiva à ética, aos deveres e às obrigações militares, mesmo na sua manifestação elementar e simples, ou, ainda, que afete a honra pessoal, o pundonor militar e o decoro da classe", excluindo, no § 1º, do conceito de transgressão, as condutas tipificadas em lei como crime ou contravenção penal. O § 9º do mesmo artigo equipara os termos transgressão disciplinar e transgressão militar.

O art. 15 fixa as transgressões disciplinares como sendo todas as ações especificadas no anexo I do Regulamento Disciplinar do Exército (RDE), que relaciona 113 condutas passíveis de punição. Anda em consonância com a substância de uma democracia o Exército Brasileiro, ao suprimir no atual regulamento aquilo que Jorge Cesar de Assis (2008, p. 206) denomina *cláusula de reserva discricionária da autoridade militar*, positivada na maioria dos regulamentos disciplinares militares e caracterizando-se por definir que "também serão consideradas contravenções ou transgressões disciplinares, todas as omissões do dever militar, ainda que não especificadas expressamente nos artigos específicos".

Entende o citado autor que a referida cláusula foi suprimida do atual Regulamento Disciplinar do Exército (RDE) "a fim de evitar questionamentos judiciais" (ASSIS, 2008, p. 206). No entanto, a postura adotada pelo Exército Brasileiro frente à Nação como Instituição Pública defensora dos mais altos valores de um Estado Democrático de Direito parece não corroborar com essa inferência, pois antes de denotar apreensão por decisões judiciais restauradoras do respeito ao princípio constitucional da legalidade, significa a firme e deliberada decisão da Instituição de observar e fazer valer os princípios instituidores do Estado brasileiro, qualificando-se como Instituição Pública comprometida com seus deveres constitucionais.

Prossegue o precitado autor defendendo esta cláusula:

Por esta cláusula de reserva será a autoridade militar competente quem irá decidir ao seu arbítrio, se determinado fato, cuja hipótese não foi prevista no rol das transgressões do regulamento disciplinar, será ou não infração, a ser punida desde que ofenda os princípios militares já referidos.

Temos que a existência da chamada *cláusula de reserva discricionária* se justifica pela própria característica das instituições militares e do especialíssimo regime disciplinar que elas mantêm. (ASSIS, 2008, p. 206).

Paulo Tadeu Rodrigues Rosa (2007, p. 112), ao aludir à mencionada cláusula, afirma que "Esta norma de caráter geral e abrangente encontra-se reproduzida quase que na íntegra em todos os regulamentos disciplinares das Forças Armadas e Forças Auxiliares, em flagrante desrespeito ao princípio da legalidade e ao artigo 5°, inciso II, da CF".

Prossegue informando acerca de uma peculiaridade inerente e exclusiva à carreira das Armas: o cometimento de uma transgressão disciplinar pelo militar pode resultar em pena de cerceamento de liberdade por até 30 dias, podendo esta ser cumprida em regime fechado, chamado xadrez. Continua asseverando que o art. 5° da Constituição da República, em termos de liberdade, não admite normas de caráter geral, não previamente estabelecidas, que cerceiem a *ius libertatis* de qualquer pessoa que seja, aí incluído o militar, haja vista a Constituição não admitir que alguém seja punido sem que exista uma lei anterior que defina a conduta como ilícito, quer seja civil, criminal ou administrativo. Considera, assim, inconstitucional a *cláusula de reserva discricionária da autoridade militar*, por representar uma espécie de norma que permite a existência do livre arbítrio como instrumento de abuso e excesso de poder. Cita Hely Lopes Meirelles assentando que "discricionariedade não se confunde com poder arbitrário, sendo liberdade de ação dentro dos limites permitidos em lei" (ROSA, 2007, p. 112), e declara:

O processo administrativo, civil ou militar, deve respeitar os princípios constitucionais, e todas as garantias do Direito Penal devem valer para as infrações administrativas, e os princípios como os da legalidade, tipicidade, proibição da retroatividade, da analogia, do *no bis in idem*, da proporcionalidade, da culpabilidade etc., valem integralmente inclusive no âmbito administrativo. O Direito Militar (penal ou disciplinar) é um ramo especial da Ciência Jurídica com princípios e particularidades próprias, mas sujeitando-se às normas constitucionais. [...] a observância da hierarquia e da disciplina não pressupõe o descumprimento dos direitos fundamentais assegurados ao cidadão. A CF em nenhum momento diferenciou o cidadão militar do civil no tocante às garantias fundamentais. (ROSA, 2007, P. 113).

Verifica-se, assim, que o Exército Brasileiro, ao não reproduzir, em seu regulamento disciplinar, uma norma hoje considerada ultrapassada e, por conseguinte, contrária aos preceitos do ordenamento jurídico pátrio, ao invés de manifestar receio por questionamentos judiciais, como entende Jorge Cesar de Assis (2008, p. 206), na verdade demonstra seu alinhamento com o ordenamento constitucional-legal instituído pela Constituição da República de 1988.

Os arts. 21 e 22 do Regulamento Disciplinar do Exército (RDE) preveem a classificação da transgressão disciplinar na ausência de causa de justificação, podendo ser leve, média ou grave, conforme os critérios dos arts. 16 a 20. Estes artigos relacionam as considerações que devem ser observadas na análise da transgressão, suas causas de justificação e as circunstâncias atenuantes e agravantes. Será sempre grave a transgressão que afete a honra pessoal, o pundonor militar e o decoro da classe.

A punição tem por objetivo preservar a disciplina,

promovendo benefício educativo ao punido e à coletividade, conforme registrado no art. 23 do Regulamento Disciplinar do Exército (RDE). O art. 24 elenca as punições a que se sujeitam os militares em função da gravidade da transgressão, a saber, advertência, impedimento disciplinar, repreensão, detenção disciplinar, prisão disciplinar e licenciamento e exclusão a bem da disciplina. O parágrafo único do art. 24 limita a 30 dias a prisão e a detenção disciplinar e a 10 dias o impedimento disciplinar.

O inc. I do art. 37 positiva o princípio da proporcionalidade ao fixar que "a punição disciplinar deve ser proporcional à gravidade da transgressão", explicitando-o nas suas alíneas de maneira que para transgressões leves a punição deve ser de advertência a dez dias de impedimento disciplinar, inclusive; para transgressões médias, de repreensão a detenção disciplinar e, para transgressões graves, de prisão disciplinar a licenciamento ou exclusão a bem da disciplina.

O art. 52 do Regulamento Disciplinar do Exército (RDE), *caput* e parágrafo único, estabelecem dois recursos que podem ser impetrados na esfera disciplinar por quem se julgue, ou julgue subordinado seu, prejudicado, ofendido ou injustiçado por superior hierárquico. São eles o pedido de reconsideração de ato e o recurso disciplinar.

O pedido de reconsideração de ato é destinado à autoridade que houver proferido a primeira decisão, conforme o art. 53. O recurso disciplinar permite que o militar recorra do indeferimento do pedido de reconsideração de ato e das decisões dos recursos disciplinares sucessivamente interpostos, devendo ser dirigido à autoridade imediatamente superior à que houver proferido a decisão e, sucessivamente, em escala ascendente, às demais autoridades, até o Comandante do Exército.

O Regulamento Disciplinar do Exército (RDE) é

omisso quanto aos efeitos dos recursos, no entanto, ao observar-se a letra do art. 55: "Se o recurso disciplinar for julgado inteiramente procedente, a punição disciplinar será anulada e tudo quanto a ela se referir será cancelado", pode-se inferir pelo efeito devolutivo, sendo a punição imediatamente aplicada após a decisão da autoridade competente para punir. Neste sentido, Jorge Cesar de Assis (2008, p.149).

O art. 35 do Regulamento Disciplinar do Exército (RDE) se configura dispositivo de suma importância para o tema em estudo, pois determina no seu § 1º a imprescindibilidade do contraditório e da ampla defesa na aplicação de transgressão disciplinar, reproduzindo, assim, determinação constitucional, e, no § 2º, estabelece as ações mínimas que devem ser observadas a fim de que esses dois princípios possam ser considerados concretizados em toda apuração de transgressão militar e aplicação de punição disciplinar.

> Art. 35. O julgamento e a aplicação da punição disciplinar devem ser feitos com justiça, serenidade e imparcialidade, para que o punido fique consciente e convicto de que ela se inspira no cumprimento exclusivo do dever, na preservação da disciplina e que tem em vista o benefício educativo do punido e da coletividade.
> § 1º Nenhuma punição disciplinar será imposta sem que ao transgressor sejam assegurados o contraditório e a ampla defesa, inclusive o direito de ser ouvido pela autoridade competente para aplicá-la, e sem estarem os fatos devidamente apurados.
> § 2º Para fins de ampla defesa e contraditório, são direitos do militar:
> I – ter conhecimento e acompanhar todos os atos de apuração, julgamento, aplicação e cumprimento da punição disciplinar, de acordo com os procedimentos adequados para cada situação;
> II – ser ouvido;

III – produzir provas;

IV – obter cópias de documentos necessários à defesa;

V – ter oportunidade, no momento adequado, de contrapor-se às acusações que lhe são imputadas;

VI – utilizar-se dos recursos cabíveis, segundo a legislação;

VII – adotar outras medidas necessárias ao esclarecimento dos fatos; e

VIII – ser informado de decisão que fundamente, de forma objetiva e direta, o eventual não acolhimento de alegações formuladas ou de provas apresentadas.

§ 3º O militar poderá ser preso disciplinarmente, por prazo que não ultrapasse setenta e duas horas, se necessário para a preservação do decoro da classe ou houver necessidade de pronta intervenção.

A forma definida pelo Regulamento Disciplinar do Exército (RDE) a fim de que se torne efetivo o art. 35 supra transcrito vem exposta no seu Anexo IV: *Instruções para Padronização do Contraditório e da Ampla Defesa nas Transgressões Disciplinares*. Este dispositivo regula os procedimentos que padronizam a concessão do contraditório e da ampla defesa nas transgressões disciplinares no âmbito do Exército Brasileiro, conforme definido no nº 1 do referido anexo.

O nº 4 deste Anexo institui os procedimentos que devem ser adotados a fim de se caracterizar a efetiva realização do contraditório e da ampla defesa:

4. DO PROCEDIMENTO:

a) Recebida e processada a parte, será entregue o *Formulário de Apuração de Transgressão Disciplinar* ao militar arrolado como autor do(s) fato(s) que aporá o seu ciente na *1ª via* e permanecerá com a *2ª via*, tendo, a partir de então, três dias úteis, para apresentar, por escrito (de próprio punho ou impresso) e assinado, suas alegações de defesa, no verso do formulário;

b) Em caráter excepcional, sem comprometer a eficácia e a oportunidade da ação disciplinar, o prazo para apresentar as alegações de defesa poderá ser prorrogado, justificadamente, pelo período que se fizer necessário, a critério da autoridade competente, podendo ser concedido, ainda, pela mesma autoridade, prazo para que o interessado possa produzir as provas que julgar necessárias à sua defesa;

c) Caso não deseje apresentar defesa, o militar deverá manifestar esta intenção, de próprio punho, no verso do **Formulário de Apuração de Transgressão Disciplinar;**

d) Se o militar não apresentar, dentro do prazo, as razões de defesa e não manifestar a renúncia à apresentação da defesa, nos termos do item "c", a autoridade que estiver conduzindo a apuração do fato certificará no *Formulário de Apuração de Transgressão Disciplinar,* juntamente com duas testemunhas, que o prazo para apresentação de defesa foi concedido, mas o militar permaneceu inerte;

e) Cumpridas as etapas anteriores, a autoridade competente para aplicar a punição emitirá conclusão escrita, quanto à procedência ou não das acusações e das alegações de defesa, que subsidiará a análise para o julgamento da transgressão;

f) Finalizando, a autoridade competente para aplicar a punição emitirá a decisão, encerrando o processo de apuração; (grifos no original).

A letra "f" do nº 5 do Anexo IV em estudo prevê que "Após ouvir o militar e julgar suas justificativas ou razões de defesa, a autoridade competente lavrará, de próprio punho, sua decisão". O nº 6, Prescrições Diversas, na sua letra "b", fixa a possibilidade de serem impetrados os recursos regulamentares peculiares do Exército, quer dizer, o pedido de reconsideração de ato e o recurso disciplinar, regulados pelos arts. 52 a 57 do Regulamento Disciplinar (RDE), e a letra "e" determina que "Os procedimentos formais previstos nestas Instruções serão adotados, obrigatoriamente, nas apurações de transgressões disciplinares que redundarem em punições publicadas em boletim interno e transcritas nos assentamentos do militar"; ou seja, impedimento disciplinar, repreensão, detenção disciplinar e prisão disciplinar, sendo excepcionadas a advertência e o licenciamento e a exclusão a bem da disciplina. A primeira, por tratar-se de punição para faltas de pequena gravidade, consistindo apenas em admoestação verbal, e a segunda pela previsão de instrumentos diversos para o desenvolvimento do processo disciplinar, isto é, sindicância ou Conselho de Justificação ou de Disciplina.

A advertência é excepcionada por não constar das alterações do punido nem ser publicada em boletim interno, conforme disposto no art. 25, § 2°, consistindo apenas numa admoestação verbal, que pode ser reservada ou ostensiva, a critério da autoridade, porém jamais na presença de subordinados do punido.

Pode parecer que o Regulamento Disciplinar do Exército (RDE) não exige qualquer procedimento para a apuração de transgressão disciplinar que enseje punição de advertência, olvidando dos direitos ao contraditório e à ampla defesa do acusado ao negligenciar os ditames do devido processo administrativo na aplicação deste tipo de punição em face de transgressões leves. Entretanto, não é isto o que ocorre, pois o § 1° do art. 35 estabelece que "Nenhuma punição disciplinar será imposta sem que ao transgressor sejam assegurados o contraditório e a ampla defesa, inclusive o direito de ser ouvido pela autoridade competente para aplicá-la, e sem estarem os fatos devidamente apurados." Quer dizer, o Regulamento não descumpre os preceitos constitucionais, pois o que parece uma omissão neste dispositivo, letra "e" do n° 6 do Anexo IV, está plenamente suprido no art. 35, § 1°. O que a letra "e" do n° 6 do Anexo IV dispõe é tão somente que não será necessária a aplicação deste Anexo IV e o procedimento do Anexo V, Formulário de Apuração de Transgressão Disciplinar (FATD), para a apuração de transgressões que ensejem apenas punição de advertência.

Para o licenciamento e a exclusão a bem da disciplina dos Oficiais de carreira das Forças Armadas é previsto o Conselho de Justificação, e das Praças com estabilidade assegurada, o Conselho de Disciplina, conforme art. 70 e Anexo III, observação (2), do Regulamento Disciplinar do Exército (RDE), o que refoge ao objeto deste trabalho. Para as Praças sem estabilidade assegurada, o RDE, no art. 32, § 1º, exige a realização de sindicância, definida nos termos da Portaria nº 107, do Comandante do Exército, de 13 de fevereiro de 2012, que aprova as Instruções Gerais para a Elaboração de Sindicância no Âmbito do Exército Brasileiro (EB10-IG-09.001), a qual, conforme se verá, se constitui em instrumento idôneo para o desenvolvimento de um processo administrativo complexo que observa, inclusive, as exigências do Direito Penal. Por esse motivo, a punição disciplinar de licenciamento e exclusão a bem da disciplina não se submete ao Anexo IV do RDE.

O art. 12, § 8º, do Regulamento Disciplinar do Exército (RDE), estabelece que "Caso a autoridade determine a instauração de inquérito ou sindicância, a apuração dos fatos será processada de acordo com a legislação específica." Observa-se, assim, que a critério da autoridade competente, pode ser utilizada a sindicância no lugar do Anexo IV do RDE para transgressão que possa resultar em qualquer tipo de punição.

Dessa forma, constata-se que o Regulamento Disciplinar do Exército (RDE) estabelece três instrumentos de garantia do contraditório e da ampla defesa: o seu (i) Anexo IV (com o modelo do Anexo V); a (ii) sindicância; e os (iii) Conselhos de Justificação e de Disciplina. Aumenta, assim, a complexidade e os recursos do instrumento de garantia do contraditório e da ampla defesa em função das circunstâncias dentro das quais se circunscrevem os fatos possivelmente qualificados como transgressões.

O Anexo IV do Regulamento Disciplinar do Exército

(RDE), *Instruções para Padronização do Contraditório e da Ampla Defesa nas Transgressões Disciplinares*, já no seu título e no seu n° 1, ao estabelecer sua finalidade: "Regular, no âmbito do Exército Brasileiro, os procedimentos para padronizar a concessão do contraditório e da ampla defesa nas transgressões disciplinares", prognostica a intenção de tornar substancial a observância dos princípios constitucionais do contraditório e da ampla defesa na apuração de transgressão disciplinar e aplicação de punições militares.

Isto é, tem por finalidade fazer com que o contraditório e a ampla defesa não sejam apenas nomes vazios e desprovidos de conteúdo, inseridos no processo administrativo disciplinar de maneira meramente formal, porém busca dar-lhes substância, delineando o conteúdo mínimo de que devem dispor para se tornarem realidades adequadas ao entendimento que deles tem hoje a lei, a doutrina e a jurisprudência, observando, assim, o atual nível de desenvolvimento no qual se encontram estes institutos do devido processo legal.

Entremostra, dessa maneira, a intenção de não somente formalizar procedimentos que tornem possível demonstrar o respeito aos direitos e garantias constitucionais para se punir um militar que tenha cometido uma transgressão disciplinar, mas também substancializar estes direitos e garantias, ao determinar procedimentos mínimos que devem ser observados que, dependendo da gravidade da transgressão e da gravosidade da punição, podem ensejar um processo administrativo mais complexo, como a sindicância ou os Conselhos de Justificação e de Disciplina.

O Anexo IV do Regulamento Disciplinar do Exército (RDE) define seus objetivos no n° 3:

3. OBJETIVOS:
a) Regular as normas para padronizar a concessão do

contraditório e da ampla defesa nas transgressões disciplinares;
b) Auxiliar a autoridade competente na tomada de decisão referente à aplicação de punição disciplinar;

O nº 4 do Anexo IV do Regulamento Disciplinar do Exército (RDE), na sua letra "a", faz referência ao *Formulário de Apuração de Transgressão Disciplinar (FATD)*, que pode ser empregado na aplicação das punições disciplinares de impedimento disciplinar, repreensão, detenção disciplinar e prisão disciplinar.

A letra "b" do nº 4 do Anexo em estudo ordena que o prazo para apresentação da defesa poderá ser prorrogado pelo período que se fizer necessário a fim de que o interessado possa produzir as provas que julgue necessárias à sua defesa, isto é, no sentido de que ao acusado seja exaustivamente concedido o contraditório e a ampla defesa, observando-se os seguintes requisitos: excepcionalidade da prorrogação; não comprometimento da eficácia e oportunidade da ação disciplinar; justificação da sua necessidade; e exercício de poder discricionário pela autoridade competente.

O não comprometimento da eficácia e oportunidade da ação disciplinar se encontra também resguardado no § 3º do art. 35 do Regulamento Disciplinar do Exército (RDE), que funciona como um poder cautelar da autoridade competente, ao definir que "O militar poderá ser preso disciplinarmente, por prazo que não ultrapasse setenta e duas horas, se necessário para a preservação do decoro da classe ou houver necessidade de pronta intervenção."

Aqui merece destaque os critérios de oportunidade e conveniência da aplicação de uma punição disciplinar. O Exército Brasileiro é uma instituição fundamentada na hierarquia e na disciplina, sendo a manutenção destes pilares um dever de todos os seus integrantes. Assim, ganham dimensão estes dois critérios, a oportunidade e a conveniência, elementos nucleares que são do poder discricionário do administrador. Poder que ganha relevo na pessoa do Comandante militar, figura que ocupa, em cada escalão, o topo da pirâmide no conceito da hierarquia, responsável pela manutenção da disciplina.

Com efeito, hierarquia é "o escalonamento em plano vertical dos órgãos e agentes da Administração que tem como objetivo a organização da função administrativa" e a disciplina sua principal resultante, quer dizer, "a situação de respeito que os agentes da Administração devem ter para com as normas que os regem, em cumprimento às obrigações e deveres a eles impostos." (CARVALHO FILHO, 2006, p. 54, 57).

A hierarquia tem por efeitos, segundo José dos Santos Carvalho Filho (2006, p. 55), o poder de comando do superior hierárquico e o dever de obediência do subordinado. A coordenação destes dois efeitos resulta na relação hierárquica que, por sua vez, gera o dever de fiscalização, por parte do superior, "das atividades desempenhadas por agentes de plano hierárquico inferior para a verificação de sua conduta não somente em relação às normas, legais e regulamentares, como ainda no que disser respeito às diretrizes fixadas por agentes superiores."

Dessa forma, necessário se faz observar as especificidades da Instituição Militar, pois, inserido na Administração Pública Federal,

> encontra-se o Exército Brasileiro como uma instituição pública nacional, regular, permanente e secular, que tem por primordiais valores os princípios da hierarquia e da disciplina e que dignifica em alto grau o significado tradicional de conceitos como os de autoridade e ordem, tendo bem traçados os contornos dos papeis sociais desempenhados pelos indivíduos. Princípios estes que se constituem de maneira expressa nos principais fundamentos da Instituição, motivo de orgulho para seus

integrantes, o que pode ser constatado por meio da sua contínua publicização dentro dos quartéis. Instituição que prima pelo conservadorismo, pela austeridade e pelo rigor no trato com seus valores e tradições, preservados com todo o cuidado e esmero no dia-a-dia das suas práticas institucionais. (SANTOS, 2012a, p. 12-13).

E dentro desta realidade institucional,

O comandante é a representação máxima e absoluta da hierarquia e do prestígio militar. Nele converge toda a força que estrutura e organiza a Unidade. A hierarquia existente e manifesta nas relações de todos os militares entre si encontra seu respaldo e sua legitimidade na figura do comandante. Figura única e isolada, não se insere ou participa de nenhum contexto por estar posicionada sobre a totalidade das relações, controlando-as, se não pessoalmente, por sua vontade abstrata, sempre presente, lembrada e alegada em todas as circunstâncias. (SANTOS, 2014, p. 93-94).

Observa-se, assim, que a estrutura do Exército Brasileiro estabelece no topo da pirâmide hierárquica, e com especificidades de se poder falar em um carisma rotinizado pelo cargo (SANTOS, 2014, p. 88-89), a figura do Comandante, ápice da hierarquia e responsável absoluto pela disciplina.

Ganha relevo, levando-se em conta estas especificidades da Instituição Militar, o poder discricionário do Comandante na manutenção dos pilares fundamentais do Exército Brasileiro, a hierarquia e a disciplina, exercido por meio do direito funcional punitivo.

O poder discricionário, no ensinamento de José dos Santos Carvalho Filho, não pode ser objeto de apreciação pelo Poder Judiciário, sob pena de se violar frontalmente o art. 2º da Constituição da República, a saber, o princípio da separação dos Poderes que, de tão importantes, foram erigidos, pelo constituinte originário, em cláusulas pétreas, conforme art. 60, § 4º, inc. III, da Carta Política de 1988. Com efeito, explica o renomado administrativista que

> O Judiciário, entretanto, não pode imiscuir-se nessa apreciação, sendo-lhe vedado exercer controle judicial sobre o mérito administrativo. Como bem aponta SEABRA FAGUNDES, com apoio em RANELLETTI, se pudesse o juiz fazê-lo, **"faria obra de administrador, violando, dessarte, o princípio de separação e independência de poderes"**. E está de todo acertado esse fundamento: se ao juiz cabe a função jurisdicional, na qual afere aspectos de legalidade, não se lhe pode permitir que proceda a um tipo de avaliação, peculiar à função administrativa e que, na verdade, decorre da própria lei. [...]
> O próprio Judiciário, faça-se justiça, tem observado o sistema pátrio e se expressado por meio da posição que reflete a melhor técnica sobre o tema. Assim, já se decidiu que **a conveniência e oportunidade do ato administrativo constitui critério ditado pelo poder discricionário, o qual, desde que utilizado dentro dos permissivos legais, é inatingível pelo Poder Judiciário.** (grifos no original) (CARVALHO FILHO, 2006, p. 109-110).

A todos estes aspectos, se somam o fato de que o direito punitivo funcional, diversamente do Direito Penal, não é abrangido pela rígida tipicidade, ou seja, caracteriza-se pelos tipos abertos, quer dizer, "a lei limita-se, como regra, a enumerar os deveres e as obrigações funcionais e, ainda, as sanções, sem, contudo, uni-los de forma discriminada, o que afasta o sistema da rígida tipicidade." (CARVALHO FILHO, 2006, p. 57). Bem por isso,

> De acordo com a gravidade da conduta, **a autoridade**

escolherá, entre as penas legais, a que consulte ao interesse do serviço e a que mais reprima a falta cometida, o que lhe confere certo poder de avaliação dos elementos que provocaram a infração para aplicar a sanção apropriada ao fato. Em virtude dessa competência, não cabe ao Judiciário alterar ou majorar sanções aplicadas pelo administrador, porque decisão desse tipo ofenderia o princípio da separação dos Poderes consagrado na Carta vigente; ao juiz cabe tão somente invalidá-las se constatar hipótese de ilegalidade. (grifo no original). (CARVALHO FILHO, 2006, p. 58).

Assim, a expressão "necessidade de pronta intervenção", que dá ensejo à imediata prisão disciplinar de um militar infrator, prevista no art. 35, § 3º, do Regulamento Disciplinar do Exército (RDE), propicia, à autoridade competente, a discricionariedade necessária a não permitir a perda de oportunidade na aplicação de sanções disciplinares, visando aos objetivos a que se propõem, assentados no art. 23 do RDE: "A punição disciplinar objetiva a preservação da disciplina e deve ter em vista o benefício educativo ao punido e à coletividade a que ele pertence", repetidos no *caput* do art. 35 do mesmo regulamento, *in fine*.

Observado o requisito do não comprometimento da eficácia e oportunidade da ação disciplinar, letra "b" do nº 4 do Anexo IV do Regulamento Disciplinar do Exército (RDE), requisito este ao qual deve ser dada preponderância para a manutenção dos fundamentos da hierarquia e da disciplina, verifica-se que consta a previsão da prorrogação do prazo da defesa pelo período que se fizer necessário, a fim de que o interessado possa produzir as provas que julgar necessárias à sua defesa, entremostrando a relevância que o vigente RDE confere à concessão plena do contraditório e da ampla defesa no processo administrativo disciplinar.

As letras "c" e "d" do nº 4 do Anexo IV em estudo

são complementares. Definem a situação em que o acusado não se defende, ou porque não deseja fazê-lo, bastando para isto que se manifeste, de próprio punho, no *Formulário de Apuração de Transgressão Disciplinar* (Anexo V do RDE) renunciando à apresentação da defesa, ou porque não a apresenta dentro do prazo previsto, sem, no entanto, expressamente manifestar sua renúncia. Nesta segunda situação, a autoridade deve certificar, "no Formulário de Apuração de Transgressão Disciplinar, juntamente com duas testemunhas, que o prazo para apresentação de defesa foi concedido, mas o militar permaneceu inerte", prosseguindo com os procedimentos de apuração.

O contraditório e a ampla defesa são direitos fundamentais indisponíveis, aplicando-se, no que couber, as normas do Direto Penal, conforme lição de Paulo Tadeu Rodrigues Rosa (2007, p. 113): "O processo administrativo, civil ou militar, deve respeitar os princípios constitucionais, e todas as garantias do Direito Penal devem valer para as infrações administrativas".

O Direito Penal respeita as características dos direitos fundamentais e indisponíveis do contraditório e da ampla defesa, como se observa pelo ensinamento de Fernando Capez (2007, p. 181): "no processo penal, em razão da natureza pública e em geral indisponível dos interesses materiais colocados à base do processo, o contraditório há que ser real e efetivo. Fala-se, portanto, em ciência e participação igualmente necessárias".

Constata-se, assim, que a natureza do contraditório e da ampla defesa será sempre de ordem pública e indisponível. Observa-se, ainda, que, no Direito Penal, a participação é necessária, não sendo dada a possibilidade ao acusado de renunciar a esta participação.

Assim, no Direito Penal, quando da recusa do acusado em defender-se, há a necessidade da nomeação de um defensor que, ainda nas palavras de Fernando Capez (2007, p. 182) é "o representante do acusado, haja vista que age em nome e no interesse deste. [...] no processo penal, em razão da sua acentuada natureza pública, o defensor exerce representação *sui generis,* autônoma à vontade do acusado, já que pode atuar mesmo contra a vontade dele."

Ressalte-se, entretanto, que a relação entre Direito Administrativo Disciplinar e Direito Penal deve ser observada "no que couber". Por óbvio, nem tudo afeto ao Direito Penal é aplicável à esfera administrativa disciplinar, o que tornaria idênticas duas esferas jurídicas que, inobstante serem assemelhadas, são distintas, conforme se observa na indispensabilidade de defesa técnica na esfera judicial e na facultatividade de defesa própria na esfera administrativa.

O art. 5º, inc. XXXV, da Constituição da República, preconiza que "a lei não excluirá da apreciação do Poder Judiciário lesão ou ameaça a direito". O constituinte originário alçou à condição de cláusula pétrea, portanto, o princípio da inafastabilidade da apreciação do Judiciário. Estabelece ainda o art. 5º, inc. LXIII: "o preso será informado de seus direitos, entre os quais o de permanecer calado, sendo-lhe assegurada a assistência da família e de advogado" e o Código de Processo Penal, no seu art. 186, define que

> Art. 186. Depois de devidamente qualificado e cientificado do inteiro teor da acusação, o acusado será informado pelo juiz, antes de iniciar o interrogatório, do seu direito de permanecer calado e de não responder perguntas que lhe forem formuladas.
> Parágrafo único. O silêncio, que não importará em confissão, não poderá ser interpretado em prejuízo da defesa.

O Supremo Tribunal Federal estabeleceu por meio do enunciado da Súmula Vinculante nº 5, que "A falta de defesa técnica por advogado no processo administrativo

disciplinar não ofende a Constituição."
José dos Santos Carvalho Filho (2014, p. 1007) ensina que

> é lícito que o interessado assuma a sua própria defesa ou, até mesmo, que renuncie ao processo administrativo para posterior recurso à via judicial.
> ...a defesa de acusado por advogado (capacidade postulatória) somente se torna exigível no processo judicial, foro, aliás, em que a presença do causídico se revela de fundamental importância. Diga-se, ainda, que, se o acusado não tiver qualquer interesse em defender-se no processo administrativo, seja por si, seja por meio de advogado, terá sempre a garantia de fazê-lo no processo judicial, porque é nesse sentido que dispõe o art. 5º, XXXV, da CF, que consagra o princípio do acesso à Justiça. (CARVALHO FILHO, 2014, p. 1007).

Há que se observar, dessa forma, que os casos em que o acusado se recusa a se defender ou a se manifestar na esfera administrativa apresentam três características: (i) as decisões tomadas nesta instância não têm caráter de definitividade, uma vez que o acusado sempre terá a opção de se reportar à esfera judicial no intuito de ver reformada a decisão tomada na esfera administrativa; (ii) as exigências do contraditório e da ampla defesa, com a presença de defesa técnica por advogado, serão sempre amplamente supridas na esfera penal; e (iii) é direito do acusado assegurado pela Constituição e pela legislação infraconstitucional permanecer em silêncio ou não mover-se no sentido de defender-se sem que isso resulte em privação do contraditório e da ampla defesa, uma vez que estes direitos são assegurados quando do desenvolvimento do processo na esfera penal, sendo reservado ao acusado o direito de manifestar-se somente aí e facultada a possibilidade de não revelar a tese da sua defesa antecipadamente em sede não coberta pelo manto da definitividade.

Verifica-se, dessarte, que, nos termos das letras "c" e "d" do nº 4 do Anexo IV em estudo, que criam, neste caso em específico, a possibilidade de aplicação de punição disciplinar sem o efetivo desenvolvimento do contraditório e da ampla defesa em sede de Direito Administrativo disciplinar, estes dispositivos estão em pleno acordo com o ordenamento jurídico pátrio e com a doutrina do Direito Administrativo brasileiro, caracterizando-se tal situação, ao contrário do que numa violação a princípios constitucionais, no direito do acusado de manter-se em silêncio ou inerte por motivos que lhe sejam convenientes até o momento apropriado, qual seja, o da esfera judicial, quando será dada a última palavra por meio de decisão coberta pelo manto da definitividade, ocasião na qual todos os direitos do acusado serão efetivados, independentemente de sua omissão volitiva em contrário.

O que não pode acontecer é não ser concedido ao acusado de transgressão disciplinar os direitos do contraditório e da ampla defesa. Uma vez concedidos estes direitos pela Administração em regular processo administrativo disciplinar, o não exercício deles pelo interessado não enseja a invalidade do processo nem da decisão proferida, que poderá ser impugnada na via judicial.

Somente os casos, quaisquer que sejam os motivos, nos quais o acusado não esteja presente quando do desenvolvimento do processo administrativo disciplinar, será impositivo à Administração que providencie defensor dativo. Neste sentido, ainda José dos Santos Carvalho Filho (2014, p. 1006), *in verbis*: "Exigível é apenas a presença de defensor dativo, no caso de o acusado estar em lugar incerto e não sabido, ou se houver revelia."

As letras "e" e "f" do nº 4 do Anexo IV em análise estabelecem que "Cumpridas as etapas anteriores, a autoridade competente para aplicar a punição emitirá conclusão escrita, quanto à procedência ou não das acusações e das alegações de defesa, que subsidiará a análise para o julgamento da transgressão" (letra "e") e "Finalizando, a autoridade competente para aplicar a punição emitirá a decisão, encerrando o processo de apuração" (letra "f").

A letra "f" do nº 5 do Anexo IV do Regulamento Disciplinar do Exército (RDE) complementa os dois dispositivos acima estudados ao estabelecer que "Após ouvir o militar e julgar suas justificativas ou razões de defesa, a autoridade competente lavrará, de próprio punho, sua decisão."

Por fim, a letra "e" do nº 6 do Anexo IV do Regulamento Disciplinar do Exército (RDE) determina a obrigatoriedade da realização destes procedimentos na apuração das transgressões disciplinares que redundem em punição publicada em boletim interno e que constem dos assentamentos do militar, isto é, sempre que a apuração puder resultar em punição de impedimento disciplinar, repreensão, detenção disciplinar e prisão disciplinar.

Aqui se faz necessário esclarecer, a fim de se evitar algum mal entendido, que

O contraditório não exclui a possibilidade de que um dos contraditores seja, ao mesmo tempo, o competente para a decisão do processo (e, portanto, não estranho aos interesses em disputa), como no processo administrativo. Todavia, nessa situação, se a Administração estiver na posição de contraditor, precisa colocar-se no mesmo plano do sujeito em confronto, em posição substancialmente correspondente e equivalente a do outro. Afinal, se a Administração for posta em posição de supremacia e o servidor, na de episódico interlocutor, não haverá contraditório ou processo. (CARVALHO FILHO, 2006, p. 236).

Isto significa dizer que no processo administrativo disciplinar, uma das partes, ou, se se preferir, um dos sujeitos processuais, terá também a competência para decidir. Quer dizer, diferentemente do processo judicial ou cível, a natureza própria do processo administrativo disciplinar exige que aquele que figura em um dos polos da relação jurídica conflituosa, ao mesmo tempo acusa, apura e julga.

Isto não quer dizer que seja um mesmo agente a desempenhar mais de uma função no processo, mas que a Administração é parte e juiz ao mesmo tempo. O primordial é que seja garantido ao acusado a paridade com a Administração no que se refere ao "confronto de argumentos, pontos de vista, interpretações" (CARVALHO FILHO, 2006, p. 237), quer dizer, a fala do acusado deverá ter o atributo de ser ouvida e ser capaz de produzir resultados efetivos.

Aqui se faz necessário salientar que os Anexos IV e V do Regulamento Disciplinar do Exército (RDE) podem, à primeira vista, parecer um meio sumário de apuração de transgressão disciplinar, o que não é considerado, pela doutrina, conforme já visto, um meio idôneo para apuração de transgressões disciplinares e aplicação de sanções, mas apenas como instrumento deflagrador do processo administrativo disciplinar principal. Entretanto, imperioso se faz observar três questões para se inferir a respeito.

A primeira referente à própria estrutura do Formulário de Apuração de Transgressão Disciplinar (FATD), que, malgrado estabelecer um processo mais simples que a sindicância regulada pela Portaria nº 107, do Comandante do Exército, de 13 de fevereiro de 2012, não se configura num mero meio sumário para a apuração de transgressão disciplinar, mas num instrumento que proporciona ao acusado a real possibilidade de exercer seus direitos ao contraditório e à ampla defesa, inclusive com o respeito a prazos e a possibilidade do interessado "produzir as provas que julgar necessárias à sua defesa" (letras "a" e "b" do nº 4 do Anexo IV do RDE).

A segunda questão relevante no que concerne a uma possível associação do Formulário de Apuração de Transgressão Disciplinar (FATD) com um meio sumário de apuração de transgressões administrativas diz respeito à natureza do campo militar analisada neste trabalho, a qual exige uma pronta intervenção da autoridade militar em toda oportunidade que a hierarquia e a disciplina forem violadas ou ameaçadas de o serem.

A terceira questão resulta da segunda, estando referida ao fato de que muitas condutas comuns à vida social, eventualmente percebidas como irrelevantes em outros campos sociais, pelas especificidades do campo militar se constituem em transgressões às vezes causadoras de sérios prejuízos à hierarquia e à disciplina militares, devendo, por isso, ser prontamente rechaçadas. Imperioso se levar em conta, assim, a pronta afirmação de tais condutas como inadmissíveis no campo militar, mesmo quando em outros campos sociais possam ser consideradas meros deslizes. Pronta afirmação da inconveniência dessas condutas que tem por escopo a formação do caráter do soldado através da interiorização e do contínuo reforço na sua personalidade de valores, atitudes, comportamentos, crenças, sentimentos, percepções, disposições e mesmo opiniões, de forma a moldar a têmpera do profissional das Armas.

São muitos os exemplos que podem ser extraídos do Anexo I do Regulamento Disciplina do Exército (RDE), documento que relaciona a tipificação das transgressões militares, *v.g.*, cultivar inimizade entre militares ou seus familiares (nº 3); deixar de punir o subordinado que cometer transgressão (nº 5); deixar de comunicar ao superior a execução de ordem recebida (nº 15); ter pouco cuidado com a apresentação pessoal (nº 39); fumar em lugar ou ocasião onde seja vedado (nº 54); tomar parte em área militar ou sob jurisdição militar em discussão a respeito de assuntos de natureza religiosa (n° 56); desrespeitar regras de trânsito (n° 82); deixar de portar a identidade militar, estando ou não fardado (n° 83); sentar-se, sem a devida autorização, à mesa em que estiver superior hierárquico (n° 91); deixar, deliberadamente, de responder a cumprimento de subordinado (n° 92); entre outras.

Dessa forma, há que se levar em conta esta realidade do campo militar à luz dos princípios da razoabilidade e da proporcionalidade, haja vista não ser crível que para qualquer destas transgressões de rotina, a exemplo de uma fivela de cinto sujo, um coturno mal engraxado, um pequeno atraso para uma atividade de rotina, que em outros campos poderiam ser consideradas faltas irrelevantes, mas que no campo militar são fundamentais, se instaure um processo administrativo disciplinar complexo, como é a sindicância no âmbito do Exército, cujos procedimentos estão previstos na Portaria n° 107, do Comandante do Exército, de 13 de fevereiro de 2012. Tal posicionamento simplesmente anularia o aspecto corretivo e exemplar da aplicação da punição militar, tornando-a inócua ao não coibir com a necessária presteza a violação da disciplina pela perda da oportunidade. Posicionamento este absolutamente inconveniente para o bom funcionamento do campo militar e para a manutenção de relações militares sadias e em conformidade com a natureza das Forças Armadas.

Assim sendo, é perfeitamente aceitável, observando-se os princípios da razoabilidade e da proporcionalidade, a apuração de transgressões militares de menor gravidade pelo desencadeamento do processo administrativo disciplinar por meio do Formulário de Apuração de Transgressão Disciplinar – FATD – (Anexo V do RDE), regulado pelos procedimentos estabelecidos no Anexo IV do Regulamento Disciplinar do Exército (RDE).

No mesmo sentido, pela legalidade de um processo simples e um mais complexo, Romeu Felipe Bacellar Filho:

> Uma lei não será inconstitucional simplesmente por estabelecer a sindicância para a apuração e aplicação de sanções leves e o processo disciplinar, para sanções mais graves. Na verdade, está disciplinando procedimentos diferenciados para aplicação das sanções. Desde que o contraditório e a ampla defesa estejam assegurados, tanto a sindicância quanto o processo disciplinar atenderão a exigência constitucional do processo administrativo. (BACELLAR FILHO, 2003, p. 91).

À sindicância da fala acima, conforme já visto, corresponderia o Formulário de Apuração de Transgressão Disciplinar – FATD – (Anexo V do RDE), do Exército, um procedimento mais simples para a apuração de transgressões mais leves; e o processo disciplinar principal da citação supra equivaleria à sindicância no âmbito do Exército, consoante estabelecida na Portaria nº 107, do Comandante do Exército, de 13 de fevereiro de 2012, um procedimento mais complexo para a apuração de transgressões mais graves.

Este aspecto ainda ganhe realce em virtude de que a autoridade militar tem a opção, caso julgue que as circunstâncias que envolvem a transgressão exijam um processo mais complexo que ofereça maiores possibilidades de defesa ao acusado e um maior aprofundamento do assunto, de instaurar uma sindicância, nos termos da Portaria nº 107, do Comandante do Exército, de 13 de fevereiro de 2012.

Com efeito, o art. 12, § 8º, do Regulamento Disciplinar do Exército (RDE), estabelece que "Caso a autoridade determine a instauração de inquérito ou sindicância, a apuração dos fatos será processada de acordo com a legislação específica."

A legislação específica a que se refere o supracitado artigo, no que concerne à sindicância, é a Portaria nº 107, do Comandante do Exército, de 13 de fevereiro de 2012, que aprova as Instruções Gerais para a Elaboração de Sindicância no Âmbito do Exército Brasileiro (EB10-IG-09.001).

A sindicância aí regulada é instrumento dotado de todas as características de um processo administrativo complexo, tendo caráter acusatório, proporcionando contraditório e ampla defesa ao acusado ou litigante e respeitando o princípio da publicidade. Instrumento que se submete às exigências do Direito Penal.

O art. 2º das EB10-IG-09.001 estabelece que "A sindicância é o procedimento formal, apresentado por escrito, que tem por objetivo a apuração de fatos de interesse da administração militar, quando julgado necessário pela autoridade competente, ou de situações que envolvam direitos."

Observa-se, pela sua definição, que a sindicância não é instrumento exclusivo do direito punitivo funcional. Entretanto, sua utilização como processo administrativo disciplinar é obrigatória nos casos que podem redundar em licenciamento a bem da disciplina de Praça sem estabilidade assegurada, conforme o art. 32, § 1º, e opcional nos demais casos disciplinares, a critério da autoridade militar, de acordo com o art. 12, § 8º, ambos do Regulamento Disciplinar do Exército (RDE).

Constata-se, assim, que é facultada à autoridade competente para punir a opção pela aplicação do Formulário de Apuração de Transgressão Disciplinar – FATD – (Anexo V do RDE), regulado pelo Anexo IV do Regulamento Disciplinar do Exército (RDE), ou a instauração de sindicância, a fim de proporcionar ao acusado o contraditório e a ampla defesa, sendo determinante a sindicância apenas para o caso previsto no art. 32, § 1º, do RDE, isto é, quando houver a possibilidade da apuração redundar em licenciamento a bem da disciplina de Praça sem estabilidade assegurada.

Assim, o Regulamento Disciplinar do Exército (RDE) estabelece que, no caso concreto, o Administrador terá que fazer uma escolha no que se refere ao instrumento a ser empregado na apuração de transgressão disciplinar e possível aplicação de sanção militar: ou adota o Formulário de Apuração de Transgressão Disciplinar – FATD – (Anexo V do RDE) ou a sindicância (Portaria nº 107, do Comandante do Exército, de 13 de fevereiro de 2012).

Esta faculdade tem natureza jurídica de ato discricionário, conceito segundo o qual, no ensinamento de Marçal Justen Filho (2006, p.161), se constitui em "meio intencional destinado a assegurar a realização mais satisfatória e adequada da atividade administrativa." Ou seja, deve a autoridade buscar a melhor solução para o caso concreto permitida em lei, podendo optar pela sindicância, mesmo nos casos em poderia realizar o processo administrativo disciplinar através do Formulário de Apuração de Transgressão Disciplinar – FATD – (Anexo V do RDE), regulado pelos procedimentos do Anexo IV do mesmo Regulamento, caso julgue necessário o desenvolvimento de um processo mais complexo e dotado de maiores recursos tanto para o acusado quanto para a Administração.

Dessa forma, levando-se em conta que a sindicância, nos termos da Portaria nº 107, do Comandante do Exército, de 13 de fevereiro de 2012, que aprova as Instruções Gerais para a Elaboração de Sindicância no Âmbito do Exército Brasileiro (EB10-IG-09.001), caracteriza-se como processo administrativo complexo, apto a proporcionar os direitos e garantias constitucionais exigidos inclusive pelo Direito Penal, pode-se concluir que se constitui em instrumento hábil para a apuração de transgressão militar e aplicação da correspondente punição disciplinar, por mais gravosas que se configurem, pois observa exaustivamente os princípios do contraditório, da ampla defesa e demais direitos e garantias do processo penal.

Inobstante isto, o Exército entende que, para os casos mais sérios, quer dizer, aqueles que podem redundar na exclusão do Oficial de carreira e da Praça com estabilidade assegurada da situação de atividade e o Oficial e a Praça da reserva remunerada ou reformados da situação de inatividade em que se encontram, faz-se necessário um processo ainda mais complexo, os Conselhos de Justificação para Oficiais e os Conselhos de Disciplina para Praças, chamados de Tribunais de Honra, cujo estudo não será desenvolvido por não se constituir em objeto da presente pesquisa.

Os recursos a que tem direito o acusado quando inconformado com a decisão prolatada pela autoridade julgadora estão regulados nos arts. 52 a 57 do Regulamento Disciplinar do Exército (RDE) e já foram tratados neste capítulo. Entretanto, ressalta-se dois aspectos julgados importantes no que concerne à garantia dos direitos de qualquer militar acusado de transgressão disciplinar.

O primeiro se refere à possibilidade de interposição de recursos sucessivos às autoridades imediatamente superiores a cada uma que prolata sua decisão, podendo-se chegar até ao Comandante do Exército (art. 54, *caput* e § 1º).

O segundo aspecto que merece destaque é o fato de que o acusado pode, se assim o desejar, ser afastado da subordinação da autoridade em face da qual formulou o recurso disciplinar mediante simples solicitação do recorrente (art. 56, *caput* e §§ 1º e 2º).

Observa-se, assim, que o processo administrativo disciplinar do Exército Brasileiro fornece ao acusado de transgressão disciplinar plenas garantias e abrangentes meios e condições para o livre exercício dos seus direitos constitucionais ao contraditório e à ampla defesa, tanto através do Formulário de Apuração de Transgressão

Disciplinar (FATD) quanto da sindicância.

Dois assuntos ainda merecem destaque no presente estudo, e o merecem por dois motivos. O primeiro motivo, por serem amplamente discutidos na doutrina e estarem na pauta do debate público, e, o segundo, pelo fato de que a aplicação desses assuntos no processo administrativo disciplinar militar exige que primeiramente sejam consideradas as peculiaridades do campo militar, especificamente seus fundamentos na hierarquia e na disciplina militares, a ação de comando e a figura do Comandante militar, e a natureza própria da atividade e da Instituição Militar, toda ela alicerçada em valores e preceitos de ordem ética e moral. Essas peculiaridades foram tratadas em outro trabalho (SANTOS, 2012a) e não serão aqui desenvolvidas, porém é imprescindível, no que diz respeito a esses dois assuntos que serão abordados a seguir, a estrita observância dessas peculiaridades da vida na caserna, sob pena de se ver dilapidados os fundamentos do campo militar, inviabilizada a atividade militar e alterada a própria natureza Instituição Militar.

O primeiro assunto diz respeito ao princípio do juiz natural, que pode ser chamado, na esfera administrativa, de princípio do administrador competente. Princípio estabelecido na Constituição da República no seu art. 5º, inc. XXXVII "não haverá juízo ou tribunal de exceção" e inc. LIII: "ninguém será processado nem sentenciado senão pela autoridade competente".

Na lição de Romeu Felipe Bacellar Filho (2003, p. 324), o princípio do juiz natural tem caráter limitativo do poder estatal com o objetivo de resguardar situações individuais, configurando-se, assim, em princípio-garantia.

O mesmo autor entende que o juiz natural significa autoridade imparcial, sendo a imparcialidade requisito subjetivo referente à pessoa do julgador, não podendo nenhum homem ser juiz da sua própria causa (BACELLAR FILHO, 2003, p. 326).

Assim, no entendimento do referido administrativista, a imparcialidade e a objetividade do processo administrativo são assegurados pela efetivação do princípio do juiz natural, pois "De nada valeriam os princípios do contraditório e da ampla defesa caso o processo administrativo disciplinar estivesse sob a direção de um agente público cuja conduta seja marcada pela parcialidade." (BACELLAR FILHO, 2003, p. 324, 335).

Para que haja imparcialidade, na letra do ilustre jurista, a autoridade sequer pode acumular a competência para instaurar o processo administrativo disciplinar e designar o encarregado pela condução do processo, haja vista esta situação prejudicar a independência que deve existir entre as instâncias que apuram e julgam. O acusador que prepara o provimento final está psicologicamente comprometido com a acusação, não sendo assim imparcial, por isso "o órgão ou agente acusador não pode encarregar-se da decisão final do processo" e "O agente administrativo acusador não pode decidir o processo administrativo disciplinar." Esta situação acarreta "infringência direta ao princípio do juiz natural pois, objetivamente, o ofício da tese não pode ser confundido com o ofício da síntese; subjetivamente, porque quem acusa não pode decidir." Assim, o princípio do juiz natural tem por escopo organizar as partes a fim de preservar a imparcialidade. (BACELLAR FILHO, 2003, p. 352-353, 357-359).

Conclui o precitado autor que o princípio do juiz natural impediria a admissão do processo administrativo disciplinar com estrutura inquisitória, jungindo num mesmo órgão ou agente as funções de acusador e julgador, uma vez que assim comprometida restaria a imparcialidade.

A conclusão emitida pelo encarregado do processo tem caráter meramente opinativo. Ao se reunir as duas funções num mesmo agente, afastada estaria esta característica do processo, pois não seria verossímil que a mesma pessoa emitente de uma conclusão subsidiária da decisão decida de maneira contrária à sua própria conclusão. Sob esta ótica, o princípio do juiz natural teria a finalidade de "garantir a plena efetivação do contraditório e da ampla defesa" (BACELLAR FILHO, 2003, p. 363) e a sua violação transmutaria estes dois princípios em meros formalismos sem acepção substancial.

Com relação à esta interpretação doutrinária da norma contida no art. 5º, inc. XXXVII, da Constituição da República, que positiva em sede constitucional o princípio do juiz natural, transposto para a esfera administrativa como princípio do administrador competente, pode-se ter uma ideia do nível de sofisticação a que pode chegar uma doutrina jurídica em contraposição à realidade social do Estado no qual se pretenda seja ela aplicada. Contraposição exata que se observa entre sistemas absolutamente lógicos porém inexequíveis no mundo das realidades concretas. Para se chegar a esta conclusão basta que se dê uma superficial olhadela no funcionamento dos órgãos de cúpula dos Três Poderes da União dos últimos trinta anos, mormente nos anos mais recentes.

Em contrapartida, o Exército Brasileiro é uma Instituição que comprovadamente se alicerça na ordem e tem até aqui, desde o Séc. XIX, cumprido com eficiência a sua finalidade estritamente dentro do que determina a ordem constitucional-legal do Estado brasileiro, como sobejamente o comprova a História real deste país e a trajetória da própria Instituição.

O segundo assunto que merece ser mencionado pelos motivos acima elencados é o instituto da prescrição. No que concerne à aplicação de penalidade administrativa, significa a impossibilidade de a Administração Pública infligir punição aos seus servidores após o decurso de certo prazo. Tem por finalidade tutelar a segurança e a estabilidade das relações jurídicas (CARVALHO FILHO, 2006, p. 798).

Em função disso, o entendimento doutrinário tem

sido no sentido de que este instituto insere-se diretamente no conceito de Estado Democrático de Direito, uma vez que este, segundo José Joaquim Gomes Canotilho, citado por Romeu Felipe Bacellar Filho (2003, p. 379), se estrutura sobre dois vetores: a proteção da confiança dos cidadãos e a segurança jurídica. Assim, inadmissível seria a possibilidade de se aplicar uma sanção ao servidor de maneira indeterminada no tempo, constituindo-se a prescrição em causa extintiva do poder punitivo da Administração Pública.

O art. 37, § 5º, da Constituição da República, prevê que "a lei estabelecerá os prazos de prescrição para ilícitos praticados por qualquer agente, servidor ou não, que causem prejuízo ao erário, ressalvadas as respectivas ações de ressarcimento". Constata-se aqui que a prescrição, na seara do Direito Administrativo, foi elevada à posição de garantia constitucional, se assentando como princípio constitucional expresso. Dessa forma, argumenta Romeu Felipe Bacellar Filho (2003, p. 379-381), a ausência de lei que estabeleça prazo prescricional não poderia ser interpretada como situação de imprescritibilidade.

O art. 37, § 5º, da Constituição da República, assim, pacifica a questão de que a prescrição é instituto de observância obrigatória ordenada em sede constitucional para todo ilícito administrativo que redunde em *prejuízo ao erário*. Isso parece significar que estaria englobado todo o ilícito que não resultasse em prejuízo ao erário sob o argumento de que quem pode o mais pode o menos. Esse argumento parte do pressuposto de que o constituinte originário, ao considerar o prejuízo ao erário como o ilícito administrativo mais grave, teria a intenção de incluir no mandamento constitucional todos os demais. Soma-se a este entendimento o fato de a Carta Política especificar as exceções à prescrição no próprio art. 37, § 5º, *in fine*: "ressalvadas as respectivas ações de ressarcimento" e no art. 5º, incs. XLII e XLIV, ao definir como imprescritíveis a prática do racismo e a ação de grupos armados, civis ou militares, contra a ordem constitucional e o Estado Democrático, ilícitos estes considerados de extrema gravidade.

Entretanto, dois pressupostos têm que ser considerados neste raciocínio quando da sua aplicação ao campo militar. O primeiro seria o de que a Constituição teria como certo que o prejuízo ao erário seria o ilícito administrativo mais grave. O segundo, o de que no campo militar, onde vigoram relações sociais e jurídicas alicerçadas em valores tais como a honra pessoal, o pundonor militar e o decoro da classe, não seria possível um único ilícito mais grave que aquele que trouxesse prejuízo ao erário.

Afirma Romeu Felipe Bacellar Filho, "O exercício da competência administrativa sancionatória deve ser limitado no tempo por seu caráter oneroso e pelo gravame imposto àquele que deve suportá-la." (BACELLAR FILHO, 2003, p. 386). Caracterizado está o princípio constitucional da prescrição da pretensão punitiva da Administração Pública.

Esta questão se torna relevante para o presente estudo em virtude de que a legislação disciplinar do Exército Brasileiro não prevê a prescrição da pretensão punitiva da Administração, situação que poderia ser interpretada como caso de imprescritibilidade.

Hely Lopes Meirelles (2006, p. 681) ensina que "mesmo na falta de lei fixadora do prazo prescricional, não pode o servidor público ou particular ficar perpetuamente sujeito à sanção administrativa por ato ou fato praticado há muito tempo", já havendo decisão do Superior Tribunal Federal no sentido de ser a regra a prescritibilidade. Entende que na hipótese da lei não fixar prazo para a prescrição administrativa, este será de cinco anos, exatamente como ocorre nas ações pessoais contra a Fazenda Pública, Dec. 20.910/32; nas punições dos profissionais liberais, Lei nº 6.838/80; nas cobranças de créditos tributários, Código Tributário Nacional, art. 174; e nas punições dos servidores federais civis, Lei nº 8.112/90, art. 142.

Entende, ainda, o renomado administrativista, que a Lei nº 9.784/99, no seu art. 54, consagrou o prazo de cinco anos na esfera federal ao determinar que "O direito da Administração de anular os atos administrativos de que decorram efeitos favoráveis para os destinatários decai em cinco anos, contados da data em que foram praticados, salvo comprovada má-fé." (MEIRELLES, 2006, p. 681).

No mesmo sentido, Lúcia Valle Figueiredo, citada por Romeu Felipe Bacellar Filho (2003, p. 381).

Este último autor ainda defende o prazo de prescrição quinquenal para o exercício da pretensão punitiva da Administração Pública com base no art. 1º da Lei nº 9.873/99, que estabelece que "Prescreve em cinco anos a ação punitiva da Administração Pública Federal, direta e indireta, no exercício do poder de polícia, objetivando apurar infração à legislação em vigor, contados da data da prática do ato ou, no caso de infração permanente ou continuada, do dia em que tiver cessado." (BACELLAR FILHO, 2003, p. 388-389).

Prossegue informando ser a prescrição administrativa causa extintiva de punibilidade, equivalendo à proclamação de inocência, concluindo que:

> A aplicação de sanção administrativa, quando já prescrita a pretensão punitiva da Administração Pública, importa nulidade do ato administrativo. Esta situação exigirá pronta invalidação, pela via administrativa ou judicial. Constituindo matéria de ordem pública, a prescrição pode ser suscitada a qualquer tempo pela parte prejudicada até como motivo de revisão do processo administrativo disciplinar. (BACELAR FILHO, 2003, p. 392-393).

Pode-se, portanto, inferir que, inobstante o silêncio da

legislação disciplinar do Exército Brasileiro quanto à prescrição da pretensão punitiva da Instituição na esfera administrativa e a natureza das Forças Armadas, este instituto estaria consagrado como garantia constitucional e seu prazo seria quinquenal, importando sua violação em nulidade do ato administrativo.

Conclusão

O processo administrativo disciplinar é uma garantia constitucional cuja finalidade tem por supedâneo a proteção do cidadão acusado de ilícito administrativo face a pretensão persecutória da Administração Pública. É o veículo que possibilita a efetivação dos princípios constitucionais do contraditório e da ampla defesa.

O contraditório tem essência dialética, e por este motivo parece se revelar como uma via pela qual a verdade jurídica pode ser construída. Segundo a doutrina do contraditório, nem as partes nem o juiz, *per se* e *a priori,* possuem a verdade; esta é construída pelo embate de ideias opostas, de contraposições que se enfrentam, promovendo, a cada manifestação de uma parte, a reelaboração da manifestação da outra, o que produz o constante movimento impulsionador do processo na direção de uma solução edificada com a participação de todos os interessados. Um Estado Democrático de Direito, consoante este entendimento, por sua essência, exigiria essa dinâmica de construção da verdade jurídica que, por sua vez, só pode ser efetiva quando estabelecida a paridade substancial entre as partes.

O contraditório só se efetiva por meio da ampla defesa, haja vista esta se constituir na garantia de ciência da acusação e seus motivos; de vista dos autos, de acompanhamento do processo e participação efetiva em todos os seus atos; de produção de provas que necessariamente sejam apreciadas; e de interposição de recursos que sejam considerados e tenham a possibilidade substancial de interferir no curso do processo, quer por acatamento integral quer por atenuação da decisão. Assim, é imperioso que sejam observados alguns preceitos, tais como a presunção de inocência, a anterioridade da defesa, a autodefesa ou a defesa técnica, o direito à prova e o direito de petição.

O processo administrativo disciplinar do Exército Brasileiro está intimamente ligado à natureza de Força Armada e de Instituição Militar, que tem por fundamentos principais a hierarquia e a disciplina e o culto a valores de ordem ética e moral, tais como patriotismo; civismo; culto às tradições; fé na elevada missão; espírito de corpo; amor à profissão; entusiasmo; civilidade; honra pessoal; pundonor militar; decoro da classe; amor à verdade; responsabilidade; autoridade; eficiência; probidade; dignidade da pessoa humana; justiça e imparcialidade; preparo moral, intelectual e físico; camaradagem e espírito de cooperação; discrição; boa educação; assistência moral e intelectual do lar; entre tantos outros.

Estes atributos são essenciais para que a Instituição cumpra com eficiência sua missão e particularizam o direito disciplinar militar no sentido de ser mais rápido, eficiente e rigoroso, devendo, por isso mesmo, ser muito mais cuidadoso na observância aos preceitos constitucionais que garantem a preservação da dignidade da pessoa humana, incluídos aí o contraditório e a ampla defesa.

As transgressões militares e as punições disciplinares, no âmbito do Exército Brasileiro, estão normatizadas no Regulamento Disciplinar do Exército – RDE – Decreto nº 4.346, de 26 de agosto de 2002. Este regulamento prevê três instrumentos a fim de garantir o contraditório e a ampla defesa ao acusado: (i) seu Anexo IV – *Instruções para Padronização do Contraditório e da Ampla Defesa nas*

Transgressões Disciplinares – e Anexo V – *Formulário de Apuração de Transgressão Disciplinar* – *FATD* –; (ii) a Portaria nº 107, do Comandante do Exército, de 13 de fevereiro de 2012, que aprova as Instruções Gerais para a Elaboração de Sindicância no Âmbito do Exército Brasileiro (EB10-IG-09.001); e (iii) os Conselhos de Justificação e de Disciplina. Estes instrumentos aumentam de complexidade à medida que aumenta a gravidade da transgressão militar e a gravosidade da punição disciplinar.

O Anexo IV possui cláusulas que criam a possibilidade do efetivo exercício dos direitos da ampla defesa e do contraditório com a celeridade que, no campo militar, a solução de transgressões menos gravosas exige para a manutenção da hierarquia e da disciplina e de todo o sistema de relações sociais e jurídicas.

A sindicância regulada pelas EB10-IG-09.001, como instrumento de apuração de transgressões disciplinares, se revela um processo administrativo disciplinar complexo que observa exaustivamente o princípio da publicidade e o contraditório e a ampla defesa, possuindo estrutura acusatória numa qualidade semelhante à que se verifica no Direito Penal. Constitui-se, portanto, em instrumento idôneo para a apuração de transgressões disciplinares e aplicação de punições militares, por mais gravosas que estas se apresentem, uma vez que preenche todos os requisitos exigidos pelo ordenamento jurídico pátrio.

Outros dois assuntos foram abordados por serem amplamente discutidos na doutrina e estarem na pauta do debate público e, ainda, por demandarem estudos que levem em conta as peculiaridades da Instituição Militar quando da sua aplicação no campo militar. O primeiro é o princípio do juiz natural e o segundo o instituto da prescrição. A legislação disciplinar do Exército não faz qualquer menção a este último, o que não significa que esta omissão possa ser entendida como imprescritibilidade da pretensão punitiva da Administração Militar, haja vista a regra ser a prescritibilidade. Ademais, a Constituição enumera casos imprescritíveis, como as ações de ressarcimento de ilícitos que resultem em prejuízo ao erário, a prática do racismo e a ação de grupos armados, civis ou militares, contra a ordem constitucional e o Estado Democrático, não excepcionando questões administrativas disciplinares.

Dessa forma, concluiu-se pela observância do prazo prescricional de cinco anos estabelecido pela Lei nº 9.784/99, subsidiária aos regulamentos disciplinares dos órgãos e entidades paraestatais.

Observa-se, por fim, que o Exército Brasileiro tem buscado, ao longo desses quase trinta anos de vigência da atual Constituição, manter-se em consonância com o sistema constitucional pátrio, promovendo mudanças na sua legislação, sempre que estas se façam necessárias, sem medir esforços para conservar-se em perfeita harmonia com o ordenamento jurídico brasileiro, por mais progressista que este tenha se revelado e inobstante os efeitos sociais e institucionais que tem promovido no âmbito da sociedade, das Instituições Públicas nacionais e mesmo das organizações privadas, e do Estado brasileiro como um todo, nestas últimas décadas, efeitos estes mais claramente percebidos nos últimos anos. E tem feito isto sabendo conservar a ordem interna da Instituição; sua identidade, construída ao longo de mais de dois séculos; sua trajetória através da História e a sua própria história; seus valores; e sua eficiência de Força Armada contínua e intimamente, *ab ovo*, vinculada ao povo e à Nação brasileira.

Exemplos dessa postura podem ser observados na elaboração de um novo Regulamento Disciplinar do Exército, de 2002, e na entrada em vigor de duas portarias reguladoras do processo administrativo, a Portaria nº 202, do Comandante do Exército, de 26 de abril de 2000 (IG 10-11), e a Portaria nº 107, do Comandante do Exército, de 13 de fevereiro de 2012 (EB10-IG-09.001), que aprimorou o assunto e revogou a primeira, tudo após a entrada em vigor da Constituição da República de 1988.

Estes dispositivos infralegais demonstram a preocupação da Instituição em manter-se em harmonia com o desenvolvimento jurídico do Estado brasileiro, por mais progressista que ele se venha revelando e pelos efeitos concretos que tem produzido no seio da sociedade e do Estado nas últimas décadas, conforme já se ressaltou, sem perder, todavia, as características essenciais que permitem ao Exército Brasileiro ser identificado, ainda hoje, como o Exército de Caxias.

Bem por isso, o Exército Brasileiro tem se revelado dinâmico no sentido de conformar-se à vontade política atual, como dinâmica tem sido a política e inovador o Direito destes últimos tempos no Brasil e na América Latina.

Pequenos ajustes sempre se farão necessários, mas o que se observa é o comprometimento da Instituição na busca incessante de promovê-los, como tão bem tem feito no seu processo administrativo disciplinar com a dupla finalidade de conservar-se sempre respeitando a dignidade da pessoa humana e agindo dentro dos limites impostos pela Constituição da República, sem, no entanto, trair a sua natureza de Força Armada calcada em valores morais e éticos da mais alta nobreza.

O Exército Brasileiro prestigia, dessa forma, o contraditório e a ampla defesa ao mesmo tempo em que conserva a sua eficiência na manutenção da hierarquia e da disciplina, movimentando-se dentro do caminho que se entende como o do devido processo legal, de forma a tornar uma realidade a assertiva "Exército Brasileiro: mesmos valores, novos desafios."

Apêndice: o campo militar no Brasil

Dura lex sed lex

1. Preâmbulo

O presente Apêndice é de natureza antes sociológica que jurídica. Creio mesmo que o verdadeiro busílis deste livro se situa aqui e não em outro local, no qual se encontra o texto jurídico que o precede e ocupa a maior parte do trabalho, assumindo o proscênio, assenhorando-se dos méritos e ganhando, sem esforço, a totalidade dos créditos.

Acrescento este Apêndice porque acredito na relação essencial existente entre Direito e Sociologia. Parafraseando Rudolf von Ihering na epígrafe deste opúsculo, creio que "A balança sem o sociológico é a impotência do Direito; o sociológico sem a balança, pura ideologia progressista.[2]"

O Brasil dos nossos dias é a prova contundente da realidade da frase acima. Vivemos dias difíceis no qual a Constituição e a Lei são meros instrumentos para se fazer o se quer, independentemente do que diga a norma contida

---

2 O segundo sentido de "balança", obviamente, não tem o significado do primeiro, isto é, de Direito, mas de equilíbrio e lucidez."

nos seus artigos. E têm, ambas, Constituição e Lei, na maioria das vezes, mormente nas Altas Cortes, sido aplicadas no sentido de "desconstruir" tudo o que foi construído por esta Nação até 1985.

O movimento de "desconstrução" que se opera neste país há décadas tem, inclusive, e infelizmente com grande sucesso, tentado apagar da História nossos verdadeiros heróis e recontar uma nova história absolutamente descolada da verdade dos fatos. O que a "nossa" Suprema Corte recentemente fez com esta Nação no que se refere ao art. 226 da Constituição da República, sem fazer aqui nenhum juízo de valor sobre o tema, mas unicamente levando-se em consideração o texto contido naquele dispositivo constitucional, é apenas um dos inúmeros exemplos dos descalabros que hoje em dia nos afligem vindos da parte das nossas mais altas "autoridades".

Nossos jovens já sofrem as consequências desta desmoralização jurídica e sociológica. Apenas para citar três exemplos do quão nefasto têm sido os efeitos da ideologização do ensino no Brasil desde o final da década de sessenta com a tradução dos Cadernos do Cárcere, de Antonio Gramsci, para o português, faço uso de três casos que vivi dentro da minha própria casa, tudo, menos a reação das duas jovens alunas para orgulho e felicidade do seu afortunado pai, da rotina das escolas tanto do ensino público quanto, o que é alarmante, do ensino privado.

Minha filha primogênita, em meados dos anos dez deste século, na nona série, usando um estojo *vermelho* na sala de aula, ouviu de uma professora que, se se servisse de uma *nécessaire* daquela *cor* no tempo da "ditadura", desapareceria em seguida e ninguém perguntaria o motivo. A professora se referiu à aluna, não à *nécessaire*.

Em outra ocasião, ainda minha filha primogênita, quando o professor discorria sobre os "anos de chumbo", ouviu de uma colega que o tio havia desaparecido e de outra que a tia havia sido torturada. Disse a ela, quando me contava da "vantagem" das colegas, que tanto um sumira e a outra fora trateada quanto eu, um tenente-coronel do Exército nascido em 1967 e formado na Academia Militar das Agulhas Negras – AMAN – em 1989, tivera sido o algoz de ambos. E isto aconteceu em uma cidade do interior que se relaciona intimamente com o campo militar desde os anos quarenta e em um colégio do ensino privado dirigido e repleto de professores Oficiais do Exército formados pela AMAN.

Minha filha caçula, aos dez anos de idade, também já vivenciou experiências deste naipe. Chegou-se a mim numa determinada noite e disse que precisava ter uma conversa muito séria. Contou-me que, "sem desrespeitar a professora", pediu para sair da sala de aula e permanecer no corredor até o momento da "aula começar".

Desnecessário dizer o quanto se encheu de orgulho o coração deste pai jubiloso pela força moral das suas duas filhas que, ainda em tão tenra idade, já se manifesta nas mais prosaicas circunstâncias do dia a dia da vida comum.

Disse-me minha filha caçula, àquela ocasião, que ouviu tantas abominações da sua professora que não lhe fora possível permanecer na sala de aula. "Pai, meu coração disparou, mas eu não aguentei, me levantei, saí da minha carteira e fui até à professora. Ela parou de ler, olhou para mim e eu disse: 'Deixa eu sair, porque eu não concordo com nada do que você está dizendo. Isso não é aula. Deixa eu ficar no corredor que quando a aula começar você me chama.' Mas eu não desrespeitei a professora", assegurou-me ela. E falou-me acerca do texto que a "professora" de geografia lera no início daquela aula e do quanto a docente ficara desconcertada com a atitude da aluna.

Minha reação de alegria ao ouvir minha filha caçula foi-lhe uma surpresa, pois parecia esperar uma reprimenda. Fui ao colégio, conversei com a diretora e com a "professora" de geografia, que, como se tudo estivesse dentro da mais perfeita normalidade, me apresentou um texto "pós-moderno" que nada tinha de "aula de geografia", vez que se tratava de uma verdadeira apologia à *ideologia de gênero*, ao *sincretismo religioso* e ao *"coitadismo" aplicado aos bandidos*, apresentados como pobres vítimas de uma "sociedade" cruel e injusta.

Fatos desta igualha, menos a atitude das minhas filhas, pululam na rotina das salas de aula deste país. Pura manipulação psicológica a serviço de uma revolução cultural covardemente encetada contra nossas crianças e nossos jovens com o objetivo de "desconstruir" nossos valores, nossos princípios, nossas crenças e nossa cultura de tradição judaico-cristã.

Surpresa maior que a da minha filha caçula diante da minha reação foi a da professora dela quando eu disse que o Exército Brasileiro ainda é uma Instituição com "I" maiúsculo pelo fato de Paulo Freire, *ainda*, não haver dominado o Ensino Militar, como o fez no ensino brasileiro de uma forma geral, destruindo o ensino público e fazendo do Brasil um dos últimos lugares em todos os testes internacionais.

Numa rápida digressão, aproveito a oportunidade para informar que Paulo Freire *ainda* não dominou o Ensino Militar, pois são persistentes e ininterruptas as investidas que vêm de fora da Instituição e assustadora a ingenuidade dos Oficiais do Exército, inclusive os formados pela Academia Militar das Agulhas Negras – AMAN –, a carreira do Oficial combatente, em face do movimento de "desconstrução" que se opera na sociedade ocidental hoje em dia e de seus efeitos alarmantemente perceptíveis. Carreira esta que, conforme trato em outros trabalhos, é a espinha dorsal do Exército Brasileiro.

Aproveito ainda a oportunidade para registrar que este é o último baluarte da Instituição Militar no Brasil: o seu Ensino. Baluarte este que, sem que se perceba internamente, vem, há muitos anos, sendo alvo de um ardiloso, sutil e permanente trabalho de "desconstrução".

"Desconstrução" que vem de fora mas que, o que é muito preocupante, sem que se perceba, também se constitui numa "invasão vertical dos bárbaros".[3]

Vencido este último baluarte, à beira do caos estará à mercê o Exército Brasileiro e a própria Nação brasileira, imersa que já se encontra esta última neste mar de vergonha que se tornou o Brasil das últimas décadas, opróbrio de todas as Nações que tenham construído alguma civilidade, ao talante de homens ímpios que assumiram os três Poderes da República, transformando as mais altas instâncias do Estado, tanto no Judiciário quanto no Legislativo e no Executivo, em três covis de salteadores.

Bem por isso, considero este apêndice a parte mais importante do presente trabalho, pois é nele que oponho o Exército Brasileiro à sociedade mais ampla e, dentro do campo militar, o jurídico ao sociológico. É aqui que procuro apresentar um pouco do campo militar ao leigo e provocar um estranhamento no militar, a fim de que ele se aperceba de que "nós somos assim mesmo" e de que "não há vergonha nenhuma nisto, muito ao contrário, pois o que hoje tem parecido motivo de vergonha é, na verdade, razão de orgulho."

Entendo da necessidade de se conhecer um pouco do campo sociológico no qual o processo administrativo disciplinar será aplicado a fim de se entender o próprio processo, bem como os homens que o aplicarão e os homens sobre os quais ele será aplicado. Somente assim poderemos compreender a realidade deste fenômeno jurídico sem nos limitarmos à letra fria da lei, que no Brasil das últimas décadas somente tem servido a causas espúrias, com raríssimas e periclitantes exceções.

Este Apêndice é apenas um pequeno preâmbulo à realidade sociológica do campo militar, tema que tenho

---

[3] Assunto já tratado alhures.

estudado há alguns anos e apresentado em maior profundidade em outros trabalhos, mas que acredito suficiente para demonstrar que neste país, carente de Lei, de moral e de vergonha, ainda existe uma Instituição para a qual, conforme diz a epígrafe deste capítulo, "A lei é dura, mas é a lei."

Dou início, assim, ao tema principal deste Apêndice que, conforme já afirmei, considero a parte mais importante, e também a mais interessante, de todo o escrito.

2. Introdução

O mundo ocidental passa por uma fase na sua trajetória na qual os fundamentos sobre os quais se construiu têm sido duramente atacados. Esses fundamentos têm sido desvalorizados em face de novos conceitos que emergem em velocidade e com força atordoantes. São conceitos antagônicos que somente poderão se erigir em novos valores após a "desconstrução" dos anteriores e milenares fundamentos, se é que, ao invés disso, não deixarão atrás de si apenas o rastro do caos.

Há bem poucos anos, por exemplo, seria impensável pôr em cheque o padrão cristão tradicional da família, isto é, aquele que tem seu núcleo rígido constituído por um homem, uma mulher e a sua prole. Dizer hoje que este é o fundamento da família pode provocar acusações de preconceito e até gerar ações na Justiça.

As relações sociais visíveis e tidas como saudáveis se baseavam na cooperação entre os sexos e não na competição entre os gêneros. Um homem era um homem e uma mulher era uma mulher, sendo evidente o comportamento que se esperava de cada um deles e óbvios os papeis por eles desempenhados, identificados que eram como homem ou mulher não por vontade própria, mas por uma determinação da natureza.

Hoje sequer podemos falar em sexos masculino e feminino como dados biologicamente determinados, porém em gêneros socialmente construídos, cujas possibilidades de manifestação são incontáveis e imprevisíveis, dependentes exclusivamente da criatividade e da vontade de cada um. Os papeis sociais têm sido vistos não somente como convencionalmente construídos, mas também percebidos como não mais suficientes para dar conta das necessidades que surgem na complexa sociedade de hoje, a chamada sociedade pós-moderna.

Olavo de Carvalho (2014, p. 433-435) nos ensina que o uso indiscriminado e repetitivo de determinadas palavras no discurso público, que ele chama de "palavras-gatilho", e as reações emocionais imediatas e previsíveis que provocam nos ouvintes, podem nos dar um indício da direção e dos rumos que têm tomado a sociedade como um todo.

Termos como progressista, esquerda, socialmente construído, consenso, transformação, mudança de paradigma, oprimido/opressão, minorias, menor abandonado, delinquente, ressocialização, inserção social, cotas, ações afirmativas, mulher, negro, índio, criança, velho, portadores de necessidades especiais, homossexuais, animais e até vegetais, pobres, desprovidos, injustiçados, mais fracos, excluídos, discriminados, descamisados, coitadinhos, sem terra, dívida social, justiça social, liberdade, igualdade, fraternidade, paz, amor, solidariedade, tolerância, povo, participação popular, vontade do povo, democracia, meio ambiente, transparência da coisa pública, direitos/ direitos humanos, e tantas outras congêneres, têm sido abusivamente empregadas por pessoas públicas no sentido de provocarem reações favoráveis às suas posições.

Em contrapartida, outros termos têm o poder de produzir reações adversas sem nenhuma reflexão sobre seus conteúdos, a exemplo de liberal/ neoliberal, autoritário/ autoritarismo, opressor/ opressão, privado/ particular, preconceito, discriminação, hierárquico, disciplina, punição, militar, polícia, vingança, reparação, olho por olho e dente por dente, reacionário, radical, classe média branca, heterossexual, empresários, capitalistas, fascista, nazista, fundamentalista, extremista, golpista, ditador/ditadura, torturador/tortura, terrorista/terrorismo, homem bomba, elitista, medieval, obscurantismo, tradicional, conservador, direita, e tantos outros.

São inúmeras as palavras que, compondo tanto o primeiro quanto o segundo grupo, observamos serem abusivamente empregadas no discurso público quer o palestrante queira, *a priori,* despertar, no ouvinte, emoções de simpatia ou de antipatia, em relação a si próprio, a seu oponente, ou a algum ponto de vista.

Palavras que, pelas reações emocionais imediatas que provocam, contribuem para um empobrecimento do debate público, uma vez que extinguem qualquer possibilidade de aprofundamento de raciocínio, procedimento este já antecipadamente taxado de "radical". Assim, as conclusões não são construídas por meio do debate, mas apresentadas de plano prontas e acabadas, definidas por meio de sensações emocionais preestabelecidas. Um debate de ideias verdadeiro dificulta o trabalho de quem defende um ponto de vista fraudulento e torna o seu desfecho incerto a pretensões mal-intencionadas.

São palavras que, *a priori,* propositalmente provocam reações emocionais previsíveis e que, por isso mesmo, podem nos servir de indício a esclarecer os rumos que têm tomado a nossa sociedade.

Entretanto, melhor do que estes indícios, isto é, do que as reações emocionais que são produzidas à simples menção destas palavras, encontramos, não na análise das reações em si, mas nas resistências a essas reações emocionais que estão ocorrendo em alguns segmentos da sociedade. Resistências que, pelas próprias características do momento em que vivemos, vêm muito timidamente à tona, sendo mantidas abaixo do limiar da percepção pública pelos centros de produção cultural, de maneira que aquelas emoções fiquem livres e, ao serem alimentadas ao exagero, causem a impressão de que são verdades absolutas.

Quero dizer com isso que esses novos rumos que direcionam a sociedade ocidental, inobstante sua aparência de força e pujança, não se têm firmado tranquilamente e sem resistências. Muitas são as resistências enfrentadas pela *tsunami* das transformações. A negação deste fato é apenas uma das manifestações deste movimento de afirmação de uma nova realidade.

A análise da realidade social revela a existência de muitos segmentos que resistem à imposição da transformação como valor. Revela, em contrapartida, a ocorrência de um fenômeno que nega a importância social dessa resistência, sendo ela sumariamente qualificada como ultrapassada, retrógrada, conservadora, reacionária, reduzida simplesmente a vestígios de uma realidade em extinção.

E tudo isso tem por efeito a produção de conflitos ainda mais profundos, que os progressistas têm tentado esconder, mas que, em algum momento, terão de ser enfrentados. É como se nossa sociedade estivesse escondendo o lixo sob a tapete, tapando o sol com a peneira ou, como uma avestruz que, fugindo ao perigo, enterra a cabeça num buraco e deixa todo o corpo de fora, expondo-se a uma ameaça que ela finge que não existe, mas que espera que passe logo.

Os conflitos existentes no seio da nossa sociedade estão sendo camuflados em prol de transformações que não devem ser desaceleradas. São as dissensões entre o conservador e o progressista, o tradicional e o inovador (no sentido que a este termo dá Robert Merton), o contínuo e o efêmero. Um lado firmado sobre instituições sólidas erigidas ao longo de séculos, a exemplo da família tradicional e dos exércitos, e o outro lado sobre a desconstrução destas instituições e na onda das transformações imprevisíveis, tidas como verdadeiro valor para uma nova sociedade dita muito mais esclarecida, igualitária, sem preconceitos e justa do que a hoje considerada ultrapassada, uma sociedade verdadeiramente "democrática", seja lá que significado tenha este termo para esta nova sociedade que nega legitimidade àquela que considera sua antecessora, se já não extinta, moribunda.

Chamo a atenção neste momento para as resistências às transformações fundamentais que têm sido tão rapidamente implementadas na nossa sociedade e que, mesmo não sendo claramente percebidas nem divulgadas pelos centros de produção cultural, estão se operando no âmbito da sociedade em transformação, constituindo-se em fonte de conflitos ainda não plenamente manifestos, mas que podem aflorar abruptamente e surpreender, como em outros tempos já o fizeram neste país.

Vou analisar esse tema das resistências às transformações sociais pela perspectiva de uma instituição antiga, tradicional e conservadora, sedimentada sobre crenças, princípios, convicções e valores sólidos e muito bem definidos. Instituição forte, porém inserida na sociedade ocidental em transformação: o Exército Brasileiro. Instituição dotada de desenvolvida capacidade de oferecer resistência eficaz no momento oportuno a qualquer movimento que se lhe oponha e, talvez, o que mais tenha importância, possuidora de instrumentos comprovadamente eficazes na manutenção das suas características fundamentais: a hierarquia e a disciplina.

O Exército Brasileiro está entre nossas instituições mais antigas, fortes, tradicionais e conservadoras. Tem por fundamentos a hierarquia e a disciplina e possui uma linguagem própria. Essa linguagem é o meio através do qual se opera a manutenção e a transmissão de seus princípios, seus valores e suas crenças às gerações que se sucedem. Manutenção e transmissão possibilitadas por dois fenômenos que permeiam toda a estrutura institucional: *tradição* e *autoridade*.

O Exército, por fundamentar-se na hierarquia e na disciplina, só pode ser efetivamente forte, isto é, não apenas formalmente hierárquico e disciplinado, se for capaz de fazer com que a hierarquia e a disciplina transcendam a mera formalidade da lei e dos regulamentos e revelem uma verdadeira *autoridade*. Assim, a força da Instituição está na efetividade do conceito de *autoridade*, fundamento da hierarquia e da disciplina. *Autoridade* esta mantida por meio de uma forte *tradição*.

Vou, por meio do estudo destes fenômenos da *tradição* e da *autoridade*, dos seus significados e das consequências que provocam na realidade dos homens e das mulheres que compõem a Força Armada, buscar lançar luz sobre a visão de mundo desta Instituição que, dotada de uma existência própria, encontra-se também inserida na sociedade mais ampla, exposta, portanto, aos efeitos das transformações impostas pela pós-modernidade.

O Exército Brasileiro tem se mostrado formalmente submisso às diretrizes que emanam do poder civil, divulgando oficialmente um discurso neutro segundo o qual segue as determinações advindas das autoridades civis. Entretanto, está no debate público muitas questões que atingem diretamente a Instituição nos seus valores, nos seus princípios e nas suas crenças. Por exemplo, a desconstrução da família tradicional e a prática homossexual como prática não somente aceitável, mas também saudável e que deva ser incentivada; a liberalização do uso das drogas; a profissionalização da prostituição; a desregulamentação do aborto; as ações afirmativas e a "ideologia do coitadismo"; o "golpe de Estado" de 1964 e a "sangrenta ditadura militar" de 20 anos; a Comissão da Verdade, instituída pelas mais altas autoridades civis da República, e suas conclusões, considerando criminosos cinco de seus grandes heróis, os Generais Presidentes, e tornando heróis nacionais figuras execráveis para a Instituição, como Carlos Lamarca, Che Guevara e Carlos Marighela; e estas mesmas altas autoridades da República sendo constantemente vistas de mãos dadas com figuras consideradas inimigas de tudo o que crê a Instituição, a exemplo de ditadores da estirpe dos irmãos Castro, Hugo Chaves e Evo Morales.

O Exército Brasileiro, formalmente, tem se mostrado submisso ao Governo Civil, que nas últimas décadas, tem sido capitaneado por uma esquerda agressiva, sem escrúpulos e que abertamente não respeita nenhuma *tradição* ou *autoridade*.

Como são vistas dentro da Instituição essas questões defendidas por esse Governo? Como será a carreira de um Oficial de Arma formado pela Academia Militar das Agulhas Negras – AMAN –, destinado, portanto, a atingir os mais altos postos da carreira e a ocupar suas mais importantes funções, que abertamente assuma sua condição de *gay* ou entre e ascenda na carreira pelo sistema de cotas? E a família de um militar constituída pela união conjugal de dois homens? E o militar que optar, mesmo que nas suas horas de folga, ser usuário de drogas? E o Oficial que tenha por esposa uma profissional do sexo? E a Oficial que pratique o aborto e tenha a coragem de assumir publicamente sua opção? E as questões políticas atuais, tão reservadamente mantidas em silêncio pela Instituição? Como isso se resolveria diante de um confronto num caso concreto em que a Instituição fosse obrigada a se posicionar publicamente?

Pensar que o Exército Brasileiro se submeterá pacificamente a todas essas questões exatamente da forma como estão sendo impostas à sociedade é assumir o fato de que não se trata de uma Instituição conservadora, nem tradicional, nem possuidora de valores consolidados e bem definidos, pois estaríamos admitindo a possibilidade de rápidas e profundas transformações em conceitos, valores, crenças e disposições institucionais dos mais fundamentais. Fingir que esses problemas não existem nem que em algum momento venham a aflorar não resolverá o problema da "pós-modernidade" brasileira e muito menos da sua chamada "jovem democracia".

3. Três tipos ideais de autoridade e tradição

Em 26 de junho de 2014, foi exibida, pela GloboNews, uma entrevista concedida pelo ministro da Defesa Celso Amorim à repórter Miriam Leitão. Entrevista que pode nos ajudar na compreensão do campo militar, uma vez que temos as respostas e as reações da segunda mais alta *autoridade* formal do Exército, abaixo apenas do presidente da República.

O ministro da Defesa é o chefe formal das Forças Armadas, isto é, aquele que está investido da autoridade legal em face do Exército Brasileiro, subordinando institucionalmente o Comandante do Exército e o Alto-Comando do Exército.

A entrevista é rica em significados porque, além de nos mostrar as respostas e as reações de uma alta *autoridade formal* para o Exército, são tratados temas da atualidade considerados sensíveis para os militares. Conceitos, valores e disposições que, pelo discurso público, parecem pacificados na sociedade mais ampla, mas que no Exército podem não estar tão pacificados assim.

Miriam Leitão inicia a entrevista com um tema

sensível para as Forças Armadas no qual a simples ausência do posicionamento da Instituição, o que não foi exigido pelas circunstâncias, foi suficiente para gerar, nela, um mal estar:

> **Miriam Leitão** (0' 01"): As três Forças Armadas enviaram pra **Comissão Nacional da Verdade** relatórios sobre sindicâncias que fizeram a respeito de **mortos, desaparecidos e torturas dentro de instalações militares. Elas disseram que não houve desvio de função. Essa resposta causou perplexidade.** É sobre isso que eu vim conversar com o ministro Celso Amorim, da Defesa. Ministro, a Comissão Nacional da Verdade mandou um pedido bem detalhado, com casos específicos de morte, de torturas, laudo cadavérico feito até em hospitais militares ... eh ... testemunhos, por exemplo testemunho do Alex Polari sobre a morte do Stuart Angel na Base Aérea do Galeão, eh ... tudo foi muito específico ... e **os militares responderam com coi... respostas burocráticas sobre questões administrativas. Por que isso?**
> **Ministro da Defesa** (0' 52"): O nosso objetivo aqui, o meu objetivo especialmente tem sido cooperar ao máximo com a Comissão da Verdade e até em promover inclusive o diálogo entre as Forças Armadas e a Comissão da Verdade, que, promover até aqui reuniões ... envolvendo os Comandantes militares e e e e membros da Comissão da Verdade, depois também tive uma outra reunião com han... senadores da Comissão de Direitos Humanos ... é, enfim, visitas têm sido feitas amplamente ... com maior do que isso não ganha tanta publicidade como as coisas ocorrem positivamente ... Agora, **eu acho que nesse caso específico dessa sindicância ah ah ah ah ... até o foco das perguntas ... bo... na minha leitura ... pode ser até que a própria Comissão da Verdade qu que seguramente vai comentar as respostas diga outra coisa, mas na minha leitura, o foco das perguntas é muito administrativo ... é ... até consigo entender as**

razões pelas quais a Comissão da Verdade tenha feito isso né... ela mesmo explica em função da im imprescritibilidade do eh de de de de de delitos administrativos ... mas é muito ligada voltado pra isso ... **e a resposta da da da da ela ela não pergunta na realidade se essas pessoas foram torturadas ou foram mortas** ... isso ela assume que oco que oco ocorreu baseada em depoimentos baseada em outras circunstâncias ... o próprio Estado brasileiro de certa maneira também já reconheceu ao pagar indenizações a essas pessoas ... fato que aliás é mencionado. Então na realidade ela focaliza muito na destinação dos imóveis. A destinação dos imóveis, e com essa pergunta digamos a a resposta terminou sendo também uma resposta eh ... formal, aliás inclusive numa das respostas eh há até o uso dessa palavra, não houve desvio formal eh eh da da destinação, não houve ou não há registros, propr melhor dizendo, não há registros de que de que tenha havido ... eh ah e aí por motivos diversos eles ale... uns porque ... falando ... digamos a Lei de Segurança Nacional ... que permitia o uso das instalações militares ... no caso da Marinha há uma referência específica, um aviso ministerial eh ... que fez com que a Ilha das Flores fosse usado como centro de detenção ... então na verdade eh ah ah ah ah as respostas enfocaram nesse aspecto ... eu ... (LEITÃO, 2014, 0' 01"- 3' 05").
[...]
Miriam Leitão (4' 42"): [...] ...os relatórios que eu li, **eu fiquei impressionada com o fato de que eles se pegam todo tipo de detalhe administrativo que não tem nada a ver com coisa nenhuma do que o país tá querendo saber** ... (LEITÃO, 2014, 4' 42"-4' 51").

Transcrevi aqui uns poucos trechos de uma entrevista de mais de 22 minutos já editada na fonte, ou seja, a entrevista é maior do que a que temos disponível. Entrevista que aborda temas evitados até o presente momento. Temas como este, da Comissão da Verdade, e outros, igualmente sensíveis, são abordados de maneira aberta e desafiadora por Miriam Leitão, sem que o ministro, como alta *autoridade formal* para Exército, seja capaz de solucioná-los e determinar um posicionamento da Instituição consentâneo com as suas diretrizes.

Há vários exemplos nesta entrevista nos quais o ministro evita exigir das Forças Armadas um posicionamento de acordo com o pensamento do Governo de esquerda do qual ele faz parte, porém contrário ao pensamento da Instituição Militar brasileira: o caso das apostilas de História dos Colégios Militares, que relatam o movimento de 1964 como uma contrarrevolução, legítimo portanto, e o Governo Militar de 20 anos autoritário por exigência das circunstâncias mas, em hipótese alguma, uma ditadura; a questão das comemorações do 31 de março; a suposta existência de um Exército de hoje e de um Exército do passado substancialmente distintos em seus princípios, valores e crenças, sendo colocada a necessidade da assunção pública desta diferença pelos militares de hoje, quer dizer, a entrevistadora cobra da mais alta *autoridade formal* do Exército depois do presidente da República uma manifestação pública, por parte dos generais da ativa, de uma ruptura com o Exército de um passado recente; cobra a admissão formal pela Instituição de que cometeu erros no passado, considerando essencial a formulação de um pedido de "desculpas ao país pelos crimes cometidos na ditadura" (LEITÃO, 2014, 21' 26"); aborda o tema do papel do Ministério da Defesa e a finalidade das Forças Armadas no Brasil de hoje; entre outros assuntos igualmente delicados.

O conteúdo da entrevista ora transcrita pode ser bem melhor apreendido através de uma visita à própria entrevista, onde vemos não somente a fala, mas *como se dá* a fala do Ministro, isto é, seus gestos, suas posturas, seus olhares, suas expressões faciais, seus movimentos de mãos, sua entonação ao articular as palavras e as frases, suas hesitações, ou seja, pela linguagem plena que revela o interlocutor no momento em que formula e transmite sua mensagem: seus sentimentos, seus receios, suas apreensões, seus temores, seus medos, seus tremores e até mesmo seus terrores.

Observamos aqui um ministro confrontado com duas visões de mundo diametralmente opostas, como ele mesmo afirma ao ser perguntado se "em algum momento as Forças Armadas brasileiras vão se deixar convencer a pedir desculpas ao país pelos crimes cometidos na ditadura" (LEITÃO, 2014, 21' 26").

> **Ministro da Defesa** (21' 37"): **Essa é uma questão complicada ... eu não sei, [...] aí você tem um conflito entre dois ... talvez duas concepções.** Uma ... que foi um pouco essa que eu te dei, quer dizer que as Forças Armadas de hoje [...] meio que [?] pedir desculpas pelo que não foi feito por elas ... não sei ... eu talvez como Ministro das Relações Exteriores, se eu fosse pedir desculpas por tudo que tivesse sido pelo Itamaraty, inclusive no tempo da ditadura, talvez fosse complicado pra mim, nã?, eu acho melhor você ir mudando, ir mudando a prática e deixando aquilo pra quem tem que ver, que é o Judiciário, o Congresso, a sociedade... (LEITÃO, 2014, 21' 37"-22' 23").

Mirian Leitão inicia a entrevista afirmando estar perplexa com as respostas do Exército Brasileiro às perguntas da Comissão da Verdade. E essa perplexidade se deve ao fato do Exército não haver revelado, nas respostas às perguntas da Comissão da Verdade, o que pensa acerca do período de Governo Militar, não se posicionando quanto àquele período. Entretanto, ressalto, conforme testifica o próprio ministro, as perguntas foram plenamente respondidas.

Duas visões de mundo parecem estar em choque.

Será que a manifestação franca e desnecessária, nesta ocasião, conforme informa o próprio ministro e segundo desejava Miriam Leitão, do posicionamento do Exército, à Comissão da Verdade, em relação a 1964 e às duas décadas seguintes, não viria a causar muito maior perplexidade à entrevistadora? Não teria o Exército agido com cautela e sabedoria, evitando, neste momento, um confronto desnecessário entre duas visões de mundo antagônicas e inconciliáveis?

Ministro da Defesa (5' 12"): **A pergunta é muito específica** ... como é que foram han como como foiram feitas as... é han ... os pagamentos, enfim há perguntas específicas desse tipo ... como foi designado o pessoal ... **então ... essas respostas ... Miriam ... eu não sei ... você ... e eu acho que tudo isso é uma questão que vai com o tempo ... eu acho que isso ajuda a compor um quadro** ... eu queria ju justamente frisar muito isso, muitos dos depoimentos eh... e muitos das evidências foram colhidas com **visitas às instalações militares,** e os depoimentos também têm sido feitos sem nenhum tipo de obstrução **... eu já li ... em outros eh... outras colunas ... outros jor jornais ... ah eu não tô eu não tô dizendo que eu tô afirmando isso, mas li, que no passado, havia um constrangimento, uma dificuldade** ... pessoas que queriam fazer depoimentos ... não podiam ... porque eram constrangidos pelas chefias, ou sei lá, ... isso não tá ocorrendo ... [...] **E as respostas,** se você me disser que **são formais, eu concordo, até acho que são formais, mas, digamos elas não são mentirosas, que, não achei que fossem, nem elas descumprem formalmente o que foi perguntado** ... agora elas decepcionam quem esperava ...
Miriam Leitão (6' 56"): É ... não, elas omitem pel a questão principal. A questão principal é ... é: **as pessoas foram mortas dentro de instalações militares, foram torturadas e não foi pra isso que foi instaladas essas instalações militares, elas existem pra defender o**

Brasil, elas de de existem pra ... pelo papel institucional das Forças Armadas, não pra torturar e matar ... (LEITÃO, 2014, 5' 12"-7' 18").
[...]
Ministro da Defesa (8' 27"): Agora, ah, **quanto às respostas em si, eh eh elas atendem ao que foi perguntado**, formalmente, nã?, não houve nenhuma pergunta: o senhor confirma que houve tortura e morte?, e até porque eu sei que a resposta aí seria dizer: todos os documentos da época foram destruídos. É o que eles sempre dizem, aliás... (LEITÃO, 2014, 8' 27"-8' 44").

O ministro da Defesa demonstra entender que o Exército agiu não de forma omissa, mas com cautela e sabedoria. Em momento algum da entrevista manifesta-se contra o posicionamento discreto dos generais e da Instituição acerca de temas tão difíceis, demonstrando, por outro lado, grande preocupação em não se comprometer frente o pensamento vigente do governo do PT.

Mostra-se mesmo constrangido, em determinado momento, ao ser confrontado pela entrevistadora que, antes de formular a pergunta, realça o fato de que ele, o ministro da Defesa, "é o comandante dos Comandantes militares" e os seus comandados, os generais, não pensam como ele e não agem conforme o seu pensamento (LEITÃO, 2014, 7' 29").

A questão importante aqui é verificarmos se os subordinados, os generais, agiriam em desconformidade com as diretrizes da *autoridade formal*, o ministro, caso este determinasse àqueles um posicionamento que conflitasse com a maneira de pensar da Instituição. O ministro, em momento algum, ousou fazer esse teste.

Miriam Leitão (7' 23"): Eu não tenho a menor dúvida que o senhor acha isso, mas acontece que..."
Ministro da Defesa (7' 27"): Eu acho isso, a sociedade

brasileira acha isso.

Miriam Leitão (7' 29"), (o Ministro fica visivelmente constrangido): **Mas os seus comandados não acham, porque como Ministro da Defesa o senhor é comandante dos Comandantes militares. O senhor não deveria, é..., leva-los a a a tomar uma decisão sobre isso. O que eles fizeram nesse relatório aí, foi tergiversar a questão fundamental que se pergunta...** [...]
Ministro da Defesa (8' 07"): [...] **...nós estamos completando uma transição, é se... nós tamos comple ... parece brincadeira você dizer, porque a transição começou muito atrás, mas que tamo [?] completando a transição...** (LEITÃO, 2014, 7' 23"-8' 17").

O ministro expressamente revela preferir não dar uma ordem que possa ir de encontro ao pensamento dos generais e da Instituição. O fato do Exército não estar mais comemorando ostensivamente o 31 de março parece menos cumprimento de ordem emitida por *autoridade formalmente* instituída do que uma concessão da Instituição, percebida pelo próprio ministro como um passo muito importante, cuidadosamente dado. Um frágil e delicado ajuste da vontade da Instituição às diretrizes da *autoridade formal*.

Ministro da Defesa (10' 07"): ...eu tenho que fazer um esforço ... o Brasil precisa de Forças Armadas, e **os militares de hoje não são os militares de ontem** [...] Então, nós temos que com ele ter um diálogo, e talvez ser capaz de separar e eles também têm que ser capazes de separar, agora **isso é um processo, eles têm que ser capazes de separar o que foi o passado e o que é hoje ... ma é um processo.** [Miriam Leitão tenta interromper] Deixa eu só só terminar só esse raciocínio, só isso, desculpe. **O 31 de março já não é mais comemorado, isso foi um passo,** era até bem muito pouco tempo atrás

... pelo menos ostensivamente. É um passo. Precisa dar outros passos? Eu tô de pleno acordo que precisa, agora, eu acho que em vez da gente pensar que todos os passos têm que ser dados agora pra subsidiar a Comissão da Verdade ... nós temos que facilitar o trabalho da Comissão da Verdade, que é o que nós temos feito, com respostas às perguntas que são formuladas, com visitas, não só deles, mas de parlamentares, **pense bem, eles foram visitar, lá, uma das sedes da da da Polícia do Exército, então, isso são passos muito importantes** pra que o quadro se forme. Uma vez que o quadro todo teja formado, talvez tenhamos que dar outros passos. (LEITÃO, 2014, 10' 07"-11' 22").

[...]

Ministro da Defesa (11' 57"), (em referência à admissão dos "crimes que aconteceram no passado" – 11' 22"): Você quer minha opinião pessoal? Acho que devem. **Mas isso você não faz com uma ordem, isso você não faz com uma ordem,** isso é uma mudança cultural, porque **a ordem ele até obedecer ... nã? ... agora eu acho que isso é uma mudança cultural que vem aos poucos ... eu acho que essa ordem depende do diálogo...** (LEITÃO, 2014, 11' 57"-12' 11").

[...]

Ministro da Defesa (20' 36), (sobre as apostilas de História dos Colégios Militares – 19' 25"): ...é o que eu volto a te dizer, você poderia, citar [?], **o senhor não pode dar uma ordem? Posso. Mas eu acho que eu prefiro convencer.** Porque eu acho que isso tem maior dura... apre... aprendi isso na diplomacia, tem maior durabilidade... (LEITÃO, 2014, 20' 36"-20'48").

Vemos, aqui, a mais alta *autoridade formal* do Exército Brasileiro depois do presidente da República demonstrar que pode ser temerário dar ordens que contrariem o pensamento da Instituição, parecendo claramente crer na possibilidade de serem ordens vãs, quer dizer, ordens com grande potencial de não serem obedecidas.

Assim, uma *autoridade formal*, por mais força constitucional que tenha, pode não ser percebida como uma *autoridade genuína* pelo Exército Brasileiro, podendo ser desconsiderada quando princípios, valores e crenças julgados essenciais vierem a colidir.

O Comandante do Exército, general-de-exército Eduardo Dias da Costa Villas Bôas, é um general de 4 estrelas, do último posto do Exército portanto, formado pela Academia Militar das Agulhas Negras – AMAN – no ano de 1973.

Nascido em Cruz Alta-RS em 7 de novembro de 1951, ingressou nas fileiras do Exército no dia 1º de março de 1967, na Escola Preparatória de Cadetes do Exército – EsPCEx – Campinas-SP. Oficial combatente da Arma de Infantaria, é "guerreiro de selva", isto é, possui o curso de Operações na Selva do Centro de Instrução de Guerra na Selva – CIGS – Manaus-AM. Foi instrutor da Academia Militar das Agulhas Negras – AMAN –; comandou o 1º Batalhão de Infantaria de Selva – 1º BIS – Manaus-AM e a Escola de Aperfeiçoamento de Oficiais – EsAO – Rio de Janeiro-RJ; chefiou a Assessoria Parlamentar do Exército e o Estado-Maior do Comando Militar da Amazônia – CMA – Manaus-AM; foi Vice-Chefe do Estado-Maior do Exército e Comandante Militar da Amazônia.

Exerceu a função de Adjunto do Adido junto à Embaixada do Brasil na República Popular da China; realizou os cursos de Comando e Estado-Maior, da Escola de Comando e Estado-Maior do Exército – ECEME – e de Altos Estudos e Política Estratégica da Escola Superior de Guerra – ESG –, ambos no Rio de Janeiro-RJ e, ao ser selecionado Comandante do Exército Brasileiro, no dia 07 de janeiro de 2015, vindo a assumir esta função no dia 05 de fevereiro deste mesmo ano, exercia a função de Comandante de Operações Terrestres (COMANDANTE DO EXÉRCITO, 2015). Tudo isto além de muitas outras funções, atividades e cursos próprios da carreira de um

Oficial que seguiu a trajetória que conduz ao mais alto posto e à mais alta função da Instituição.

Estamos aqui diante de uma *autoridade formal*, isto é, uma *autoridade* que preencheu todos os requisitos exigidos pelo ordenamento jurídico pátrio para assumir a função de Comandante do Exército, sendo selecionado e nomeado pelo presidente da República e empossado pelo ministro da Defesa.

Entretanto, estamos diante também de uma *autoridade genuína*, ou seja, uma *autoridade* que tem por atributo fundamental uma "força exercida ou capaz de ser exercida com a aprovação geral dos interessados" pelo fato de reconhecerem subjetivamente a existência, nesta pessoa, de uma "capacidade para emitir comunicações que são capazes de elaboração racional", isto é, reconhecerem subjetivamente uma capacidade "da pessoa para dar razões extensas para aquilo que decide dizer ou fazer", sem, entretanto, a concomitante necessidade de que essas razões sejam demonstráveis conclusivamente.

Razões estas que, de fato, jamais serão demonstradas nem sequer solicitadas. Entretanto, existe uma crença generalizada, sutil, não percebida, ou seja, subliminar, porém real e eficaz, de que, se fosse perguntado e as circunstâncias o permitissem, a pessoa seria capaz de dar razões elaboradas que justificassem suas decisões. Isto não chega à consciência do subordinado, pois um efeito próprio da *autoridade genuína* não permite que ele, subordinado, formule conscientemente um questionamento desta natureza. Seria uma louca ousadia, um ato imoral e repugnante, depravado e impensável, portanto.

Na realidade, quando um raciocínio deste vem à consciência do subordinado, o detentor da *autoridade genuína* já está a ponto de perdê-la. O conceito de *autoridade genuína* explica as "situações nas quais há homens que seguem outros sem serem obrigados a fazê-lo" ou em circunstâncias nas quais é lícito esperar que não sigam, porém, com inabalável convicção, prontamente o fazem (FRIEDRICH, 1974, p. 50, 52, 54, 56).

O general Villas Bôas, além de ser uma *autoridade formal* para o Exército Brasileiro, tal qual o ministro da Defesa, é, diferentemente deste, uma *autoridade genuína*.

A trajetória de vida do general Villas Boas comprova isso. Não se trata de um estranho, um desconhecido ou um potencial "inimigo" da Instituição que foi apenas "indicado" politicamente para aquela função. Trata-se de um soldado com 50 anos de carreira no Exército Brasileiro que seguiu toda uma trajetória que o conduziu ao mais alto posto da Instituição. Sua trajetória, resumidamente acima descrita, comunica sua ampla capacidade de elaboração racional para todas as decisões que venha a tomar no desempenho das suas funções, sem que a crença nesta capacidade, que advém daquela comunicação, seja conscientemente elaborada pelos seus subordinados.

O general Villas Bôas, dessa forma, conforme explica Carl Friedrich (1974, p. 137), para o Exército Brasileiro, está investido de uma *autoridade* que "é um imperativo eficiente", uma vez que a *autoridade genuína* é "basicamente uma qualidade de comunicações."

Assim, o general Villas Bôas tem a *autoridade genuína* que o habilita a revelar o que a Instituição que ele comanda pensa. Ele tem *autoridade* para representar essa Instituição, de falar por ela e em nome dela, comunicando o que ela pensa: seus valores, seus princípios, suas tradições, suas crenças, seus conceitos, suas disposições...

Mas a questão é ainda mais complexa, pois, na realidade, a *autoridade genuína* dota a pessoa de uma capacidade mais ampla do que simplesmente falar em nome da Instituição, isto é, revelar o que a Instituição pensa acerca de qualquer assunto, representando-a, sendo seu porta-voz. A *autoridade genuína*, quando fala, tem a capacidade de fazer com que a sua fala se torne o que pensa a Instituição. Quer dizer, é um movimento de duas vias:

não somente revela a visão de mundo da Instituição, mas também conforma esta visão de mundo.

Vemos, assim, a existência de um antagonismo incontornável entre a visão de mundo que tem sido divulgada como majoritária na sociedade brasileira pelos centros de produção cultural e a visão de mundo do Exército Brasileiro. A entrevista concedida pelo ministro da Defesa Celso Amorim a Miriam Leitão confirma a existência deste antagonismo.

Corrobora com a existência desse antagonismo de visões de mundo uma conferência proferida pelo general Villas Bôas, no dia 19 de setembro de 2013, sobre o tema Geopolítica e Defesa da Amazônia, quando, já general-de-exército, era o Comandante Militar da Amazônia.

A conferência foi patrocinada pelo Instituto Plínio Corrêa de Oliveira e realizada no Clube Homs, em São Paulo-SP. Pela comparação dos dois discursos, o do ministro e o do general, podemos constatar uma dissonância relevante entre a visão de mundo propalada pelos centros de produção cultural como majoritária na sociedade brasileira e a visão de mundo do Exército Brasileiro.

> Deixa eu falar uma coisa pra vocês. O meu pai, assim como o pai do Adhemar [general-de-exército Adhemar da Costa Machado Filho] eram militares. Viveram um contexto histórico completamente diferente. O século XX foi um século bastante conturbado. A questão da guerra fria ... e ... Cuba ... exportando revolução, enfim ... **Acho que a missão histórica da geração dos nossos pais foi a de <u>preservar a democracia</u> no país. <u>O Exército não se arrepende do que fez, mas de certa forma ainda paga pelo que fez.</u> Acho que a missão histórica da nossa geração,** o Etchegoyen que diz isso, o general Etchegoyen [general-de-exército Sergio Westphalen Etchegoyen], **talvez seja de contribuir pra <u>preservação dos valores essenciais da sociedade brasileira,</u>** porque o Exército é

um corte vertical da sociedade brasileira. Então talvez seja essa a nossa missão. (BÔAS, 2013, 9' 06"-10' 05).

Um conceito fundamental na construção da *autoridade genuína* é a *tradição*. Carl Friedrich (1974, p. 15) ensina que *tradição* e *autoridade* são fenômenos tão intimamente ligados que se torna muito difícil estudar um sem ao mesmo tempo estudar o outro.

Na breve fala acima transcrita, por exemplo, o general Villas Bôas lembra ser filho de militar e cita outros dois generais-de-exército, companheiros seus que, pelo que demonstra, devota, a ambos, incomum consideração. Por coincidência, estes dois generais são também filhos de generais, e um deles, o general Etchegoyen além de filho, também é neto de general.

Conforme observamos pelo resumo da carreira do Comandante do Exército, ele carrega, na sua trajetória de vida, todo o significado da *tradição* militar. Representa para seus subordinados, mesmo que estes não tenham consciência disso, e normalmente de fato não o têm, os grandes generais e os grandes Comandantes do Exército Brasileiro, tanto de um passado próximo quanto de um passado remoto.

Com efeito, seus 50 anos de carreira dentro do Exército e a qualidade da sua trajetória o credenciam a isso. Já tratei deste assunto em outro trabalho (SANTOS, 2012a, 41-60) e não vou aqui aprofundar essa questão. O que interessa no momento é ressaltar que a *autoridade genuína* encontra-se firmemente alicerçada em outro fenômeno, o de *tradição*, motivo pelo qual, o estudo do fenômeno da *autoridade* exige também um estudo do fenômeno da *tradição*. Estes fenômenos se complementam mutuamente e é justamente a imbricação dos dois que delineia os contornos e a face de cada um. Eles se constroem e se desenvolvem juntos, emergindo, ambos, da relação mesma de um em referência ao outro. Eles são mutuamente dependentes: para existirem necessitam coexistir. Um não existe sem o outro. Um só pode existir na presença e na sua relação com o outro. A *autoridade* depende da *tradição* e a *tradição* depende da *autoridade*, e ambos dependem da relação de um com o outro.

Em contrapartida, ser antitradicionalista é ser ao mesmo tempo contrário à *autoridade*. O respeito à *autoridade* implica na valorização da *tradição*. E isso parece ocorrer, conforme explica Carl Friedrich (1974, p. 16), pelo fato de que é a *tradição* que proporciona "a base de muita comunicação e de argumentação integrativa eficaz", tendo, assim, uma função vital na coesão interna de um grupo social.

A palavra tradição deriva do latim *tradere,* que significa transferir ou entregar. O termo tem uma raiz religiosa ou eclesiástica, conforme sucede com grande parte do nosso vocabulário político. As próprias palavras do fundador e do chefe precisam ser transferidas e entregues de geração a geração. Um grande historiador da religião cristã [Adolf Harnack] escreveu que a tradição é "a entrega de um depósito precioso, cuja fonte é considerada divina, a uma pessoa especialmente escolhida." (FRIEDRICH, 1974, p. 17).

Vimos sucintamente que a *tradição* é o meio eficaz pelo qual o sujeito é investido de *autoridade genuína.* E, inobstante a grande mídia, o meio acadêmico, os intelectuais, os artistas, os líderes de opinião e *tutti quanti*, isto é, os centros de produção cultural de uma forma geral, hoje em dia, considerarem os conceitos de *tradição* e *autoridade* arcaicos, retrógrados, ultrapassados, sendo mesmo ridicularizados por eles, estes são dois conceitos caríssimos ao Exército Brasileiro, tratados como a menina dos seus olhos.

Vimos até aqui dois tipos de *autoridade*, a *autoridade*

formal, na pessoa do ministro da Defesa, e a *autoridade formal e genuína*, na pessoa do Comandante do Exército, relacionando esta última ao fenômeno da *tradição* na sua relação com o fenômeno da *autoridade*.

Agora veremos um terceiro tipo de autoridade de suma importância para a compreensão do campo militar nos dias ditos "pós-modernos" nos quais supostamente estaríamos vivendo: o conceito de *autoridade puramente genuína* para o Exército Brasileiro.

O deputado federal Jair Bolsonaro é conhecido por suas posições conservadoras e tradicionais. No desempenho de suas funções de parlamentar de um Estado chamado Democrático de Direito, faz veemente oposição, no plenário da Câmara dos Deputados, a *autoridades formais* do Exército Brasileiro. A título de exemplo, abaixo seguem pequenos trechos de alguns dos pronunciamentos na tribuna do parlamento referindo-se ao presidente da República, comandante supremo das Forças Armadas, e ao ministro da Defesa, comandante dos Comandantes das três Forças Singulares.

Em 2003, o embaixador Sérgio Vieira de Mello foi morto por um carro bomba em Bagdá. Eu pergunto, se você tivesse um conhecimento, um contato com alguns desses terroristas, o empregaria pra trabalhar contigo? Na tua empresa, na tua casa ... Votaria nele? Óbvio que não. Vamo lá ... **Em 68, a Vanguarda Popular Revolucionária lançou um <u>carro bomba</u> no QG do Exército em São Paulo, matando,** nas mesmas condições de Sérgio Vieira de Mello, **o soldado Mário Kozel Filho. Integrante da VPR: <u>Dilma Rousseff</u>. E você votou nela? Numa <u>terrorista</u>?** Por isso que eles querem a <u>**Comissão da Verdade**</u>, pra esconder isso daí. Vamo lá ... Em 2005, o Banco Central em Fortaleza foi roubado. Milhões e milhões de reais. Você empregaria alguém que tivesse participado desse assalto, desse roubo? Votaria nessa pessoa? Não. **Assalto do "cofre do Adhemar" pela**

VAR-Palmares. Integrante em chefe, ou chefa, a principal: Dilma Rousseff. Você votou nela. Vamo em frente. Hoje é o dia da mulher. Já vi festival de demagogia aqui. Você sabe quem **Dilma Rousseff** botou pra representar você mulher na Secretaria de Política das Mulheres? Você sabe quem botou? Botou lá a senhora Eleonora Menicucci. Detalhe, **especialidade dela: aborto.** Inclusive com uma nova prática, chamada AMIU, que é aspiração manual intrauterina para capacitar a mulher para o aborto com não médicos. Essa é a mulher que **Dilma Rousseff** botou pra representar as mulheres aqui em Brasília. E você, votou em Dilma Rousseff, sem conhecer o seu passado? E o PT, tão preocupado com **direitos humanos, com tortura,** não quer apurar o caso Celso Daniel. E logicamente, pra esconder isso tudo, tem que indicar a **Comissão da Verdade.** Sete, são indicados pelo dedo de **Dilma Rousseff,** que **participou de sequestros, assaltou, roubou, fez barbaridades** por esse país. E tem que atacar o Clube Militar, obviamente, mas, o **seu ministro, não sei se é menor na estatura ou no moral, não tem moral pra prender os militares do Clube Militar,** porque inclusive eu sou sócio e assinei isso aí. Assim sendo, senhor presidente, assim sendo, pra cumprir os 15 segundos aqui ... **É lamentável, termos à frente do Brasil, uma mulher como Dilma Rousseff, com esse passado terrível, de roubo, assassinato, sequestro, e atos de terrorismo.** Deus salve as mulheres! (BOLSONARO, 2012b, 0' 18"-3' 05").

Uma matéria do jornal "O Globo" de domingo próximo passado com a foto do **ministro Celso Amorim** cuja manchete é "militares festejam reajuste". Eu estou indignado, porque **esse ministro aí, dá uma prova de completa ignorância do que acontece na caserna.** É um ministro que não sabe o que é 3º sargento, o que é cabo, o que é coronel. **Não sabe nada. Fez um péssimo trabalho enquanto à frente do Ministério das Relações Exteriores, ao lado de ditadores e ditaduras, e agora o neófito está à frente agora da Defesa. Um ministro,** deputado Benevides, **que não sabe a diferença de um capacete pra um penico.** Me desculpe aí, a figura que eu estou usando, mas não pode ser, eu não posso fugir disso. **Continua fazendo besteira no penico e faz besteira também no tocante às Forças Armadas. Humilha os militares. Fala o tempo todo em Comissão da Verdade. Ministro, leia a revista "Seleções" de novembro de 64, aqui tá a verdade. O que foi o 31 de março e não essas besteiras** que V. Exa. fala. [...] Heim **Dilma Vana Rousseff,** V.Exa., **a Dilma,** que **passou a lua de mel** com o Carlos Araújo, **roubando bancos, roubando arma de quarteis, assaltando caminhões de carga** na **Baixada Fluminense,** conforme disse o próprio marido, ex-marido, Carlos Araújo, em vídeo gravado... [...] Essa é a verdade, **os militares continuam sendo esculhambados por esse ministro incompetente, que não sabe a diferença de um capacete pra um penico,** e, as Forças Armadas estão se decompondo, inclusive, meus companheiros, uma medida provisória que há 12 anos, agora em dezembro, ela completa sem ser votada. 12 anos uma medida provisória que não é votada. E esse **fanfarrão desse Celso Amorim** dizendo que os militares estão festejando o reajuste... (BOLSONARO, 2012a, 0' 01"-1' 17", 3' 20"-3' 43", 4' 17"-4' 46").

Até aqui não encontramos nada que chame a atenção nas falas de um deputado federal discursando na tribuna da Câmara dos Deputados. Falas absolutamente dentro do que se espera de um parlamento de um Estado que se autointitula Democrático de Direito, local privilegiado dentro do qual os representantes do povo têm franca liberdade para manifestar seus pontos de vista, suas opiniões, suas conclusões, suas interpretações dos fatos sociais, e ouvir as opiniões contrárias, características básicas de um debate livre.

As falas acima se revestem de significado sociológico quando comparadas com as abaixo transcritas. Na verdade, não são as palavras abaixo em si, mas as circunstâncias nas quais se deram é que revestem este caso de grande valor sociológico para a compreensão do campo militar brasileiro.

O deputado Jair Bolsonaro, no dia 29 de novembro de 2014, conforme faz todos os anos, foi à Academia Militar das Agulhas Negras – AMAN – e, informalmente, conversou por alguns instantes com a turma de formandos daquele ano, isto é, com os cadetes do 4º ano que se formariam no dia seguinte, 30 de novembro de 2014, dia no qual, concluindo com êxito sua formação de Oficial de carreira por aquela Academia, foram declarados aspirantes-a-oficial, no dia 31 de agosto de 2015 foram promovidos ao posto de 2º tenente e, no dia 25 de dezembro de 2016 ao posto de 1º tenente.

Uma turma inteira de uma nova geração de Oficiais que inicia sua trajetória na carreira que os conduzirá, em 30 anos, ao generalato e aos mais altos postos do Exército Brasileiro.

O deputado Jair Bolsonaro aproximou-se da turma reunida e proferiu as palavras seguintes:

> Parabéns para vocês! Nós temos que mudar esse Brasil, tá ok? Alguns vão morrer pelo caminho, mas eu estou disposto em 2018, seja o que Deus quiser, tentar jogar para a direita esse país. O nosso compromisso é dar a vida pela Pátria e vai ser assim até morrer. Nós amamos o Brasil, temos valores e vamos preservá-los. Agora, o risco que vou correr, posso ficar sem nada, mas eu terei a satisfação do dever cumprido. Esse é o nosso juramento, esse é o nosso lema. Brasil acima de tudo! Esse Brasil é maravilhoso, tem tudo aqui. Está faltando é político. Há 24 anos eu apanho igual a um desgraçado em Brasília. Mas apanho de bandidos. E apanhar de bandidos é motivo de orgulho e de glória. Vamos continuar assim! Boa sorte para todos! Um abraço a todos! (BOLSONARO, 2014, 0' 14"-1' 19").

O que chama a atenção não é esta fala em si, mas a reação dos formandos declarados aspirantes-a-oficial no ano de 2014 pela Academia Militar das Agulhas Negras – AMAN.

Toda a turma de formandos encontrava-se reunida, todas as Armas, Quadro e Serviço, na ponte que liga o Conjunto Principal I à Seção de Educação Física e à Seção de Equitação da AMAN para dar início a um dos últimos treinamentos para a cerimônia de formatura, que tem lugar no Pátio Ten Moura, Pátio Marechal Mascarenhas de Morais – P3M – para algumas turmas da AMAN, formatura que efetivamente ocorreria no dia seguinte, 30 de novembro de 2014.

A turma de formandos, que se encontrava em "a vontade", ao perceber a aproximação informal do deputado Jair Bolsonaro, espontaneamente se organizou para recebê-lo.

Podemos observar, ao assistirmos o vídeo disponibilizado no YouTube, uma nítida mudança de postura dos jovens Oficiais do Exército Brasileiro quando da aproximação de Bolsonaro. Todos se voltam para ele, olham-no com interesse, respeito e admiração. Veneração mesmo. Vemos e ouvimos os jovens Oficiais se organizarem em um dispositivo que se encontrava em "a vontade", com cada formando retomando seu lugar no dispositivo. Os que estavam afastados imediatamente se aproximam para ver e ouvir o deputado. Vemos e ouvimos os jovens aspirantes, de maneira espontânea e voluntária, ou seja, sem que ninguém os direcionasse a isso, o que seria a praxe na caserna, realizarem uma sequência de atos incomuns para um militar, mormente em ambiente militar, entre militares e dentro da menina dos olhos da Instituição, a Academia Militar das Agulhas Negras – AMAN: batem palmas com expressões fisionômicas e risos de euforia, satisfação, alegria e profunda admiração; ouvimos gritos de "hop", que no jargão militar significa "Atenção!",

"Silêncio!", "Autoridade se aproximando!", "Algo de importante está acontecendo!"; vemos formandos, à direita do dispositivo, correndo não somente para poderem ver e ouvir melhor o deputado, mas também para se posicionarem mais próximo a ele; ouvimos gritos de "Líder! Líder! Líder!" antes da fala; constatamos uma atenção e um silêncio absolutos durante o discurso, interrompidos por vivas, aplausos e gritos de "Líder! Líder! Líder!" nas poucas pausas realizadas pelo deputado. Ao final, observamos, nos gestos e nas posturas, nas expressões fisionômicas e nos olhares, nos risos e na euforia, nos movimentos e nas falas dos jovens Oficiais, francas manifestações de incondicional apoio ao que fora dito e à própria pessoa de Jair Bolsonaro, que aglutina em torno de si todos os presentes, sendo alvo da manifestação de uma genuína admiração por parte de uma nova turma de Oficiais formada pela Academia Militar das Agulhas Negras – AMAN – em 2014.

Este fato, sim, é pleno de significado sociológico para o objetivo deste trabalho. Jair Bolsonaro não é uma *autoridade formal* para o Exército Brasileiro e, conforme vimos acima, manifesta-se publicamente, e de maneira contundente, contra as duas maiores *autoridades formais* das Forças Armadas, as duas únicas *autoridades civis* em linha hierárquica direta sobre a Instituição: o presidente da República e o ministro da Defesa.

Inobstante isso, diante de uma nova turma de formandos da Academia Militar das Agulhas Negras – AMAN –, os jovens Oficiais do Exército Brasileiro, dentro de uma Organização Militar das mais importantes da Instituição, é recepcionado como uma grande *autoridade*.

Não se trata de Oficiais que vivenciaram todo o período de Governo Militar, os anos sessenta e os anos setenta, ou mesmo de Oficiais que tenham nascido naquele período. Trata-se de jovens Oficiais que nasceram nos anos noventa, quando a sociedade já passava pelas grandes transformações nos seus valores e nas suas crenças, nas suas atitudes e nos seus comportamentos, nos seus sentimentos e nas suas percepções, nas suas instituições e na sua visão de mundo, conforme hoje são propaladas como verdades sociais incontestes pelos centros de produção cultural.

Jair Bolsonaro não é uma *autoridade formal* para o Exército Brasileiro e faz parte de uma categoria profissional que tende a ser desprezada pelo militar. Entretanto, a reação à sua pessoa, por parte dos militares da ativa, da reserva e reformados, e até mesmo por manifestações que têm ocasião dentro dos quartéis, como acima vimos, parece denotar profundo respeito e notável admiração.

Apesar de ser um político brasileiro é também um Oficial do Exército que tem muito em comum com o general Villas Bôas. É Oficial da reserva do Exército Brasileiro formado pela Academia Militar das Agulhas Negras – AMAN – no ano de 1977, da Arma de Artilharia, paraquedista, isto é, da linha combatente, e, ao ser transferido para a reserva, servia na Brigada Paraquedista, Grande Unidade de alto prestígio dentro da Instituição.

Jair Bolsonaro não é uma *autoridade formal,* mas é percebido pelo Exército Brasileiro como uma *autoridade genuína.*

Vimos, assim, três tipos ideais de autoridade para o Exército, a *autoridade formal,* a *autoridade formal e genuína* e a *autoridade puramente genuína.* E o vimos através de três exemplos contemporâneos que correspondem cada um a um tipo ideal de *autoridade*: o ministro da Defesa, Celso Amorim, uma *autoridade formal;* o Comandante do Exército, general Villas Bôas, uma *autoridade formal e genuína;* e o deputado Jair Bolsonaro, uma *autoridade puramente genuína.*

4. Tradição *e* autoridade

Estudar o significado dos fenômenos da *tradição* e da *autoridade* para o Exército Brasileiro, como eles funcionam e se dinamizam no seio da Instituição e o que promovem na vida dos seus integrantes, os militares, será muito útil para a compreensão do campo militar e do processo administrativo disciplinar do Exército Brasileiro.

Pelos discursos acima transcritos, proferidos por três tipos ideais de *autoridade*, e pelas reações que provocam nos militares, podemos inferir sobre os princípios, os valores e as crenças, as atitudes e os comportamentos, os sentimentos e as percepções, os conceitos e as disposições, as opiniões e a visão de mundo da Instituição e de seus integrantes. Temas que estão no debate público: na mídia, no meio acadêmico, no ambiente social, na esfera política, no campo jurídico, enfim, em todos os centros de produção cultural.

Esses dois fenômenos, *tradição* e *autoridade*, tão menoscabados pela sociedade mais ampla de hoje, aplicados à realidade do Exército, se revelam fundamentais para o *ethos* militar brasileiro.

Assim, se torna possível, através deles, encontrar possíveis divergências entre o que se apresenta abertamente no seio da sociedade mais ampla como sendo a sua realidade social de hoje e o que pode ser a realidade social do Exército Brasileiro, mantida em silêncio dentro dos seus limites institucionais, aparentemente adormecida, porém subjacente e, como tal, uma força viva, uma realidade concreta, passível de despertar e aflorar de um momento para o outro diante de um confronto, de um conflito ou de uma crise entre visões de mundo diversas e inconciliáveis.

Edmundo Campos Coelho entende como pura quimera a crença civil numa submissão incondicional da

Instituição Militar ao poder civil. Diz ele, ao falar sobre a criação do Ministério da Defesa por Fernando Henrique Cardoso, que o país, com isso, se assemelharia mais com a

> cara da democracia, mais "moderna", como dela gostam sociólogos nacionais globalizados e globalizantes; e, consultando sua lista de prerrogativas militares, também Stepan não hesitará em alinhar o Brasil com nações nas quais os soldados encontram-se sob controle do poder civil. Pura maquiagem, mera aparência! Nada que afete a autonomia das Forças Armadas! Ainda assim, o mais provável é que a propensão a condutas protagônicas permaneça "discreta" (segundo a escala do Almirante Flores), por falta de outras condições catalisadoras que levem os militares a intervir para o que, *a seu juízo*, seja "a defesa da ordem constitucional e legal". A questão é: "discreta" por quanto tempo?
> E o que faltaria para o disparo da undécima hora?
> [...]
> [...] a receita [para a democracia] certamente não é a do controle civil ou da subordinação militar, as duas faces da mesma ficção, mas, possivelmente, a de um diálogo responsável e generoso que integre o soldado na sociedade e ponha um fim à sua secular orfandade.
> O sucesso desse diálogo dependerá substancialmente menos dos soldados do que da competência dos civis. (COELHO, 2000, p. 27, 29).

Essas questões levantadas por Edmundo Campos Coelho estão sendo propositalmente deixadas de lado, negligenciadas mesmo. A entrevista do ministro da Defesa Celso Amorim o confirma. Confrontado em diversos momentos pela repórter Miriam Leitão com assuntos que para ela parecem tão óbvios, ele, o ministro, que está em contato direto com os generais, prefere não enfrentá-los, optando por acreditar que o tempo e a chegada das novas gerações de Oficiais naturalmente alterarão o quadro atual.

A turma de Oficiais formada no ano de 2014, que iniciou no ano de 2015 a sua trajetória de Oficial de AMAN e que somente nos anos de 2040 ascenderá às posições de proeminência na Instituição, parece contrariar as expectativas do ministro. Quando comparamos o pensamento das três autoridades acima citadas, revelado pelas suas falas, observamos uma flagrante divergência de visões de mundo.

José Murilo de Carvalho (2006, p. 198) já nos alertara acerca desta problemática de fingirmos viver uma democracia plena e consolidada, impermeável a retrocessos, sem fissuras ou problemas por resolver, na qual o pensamento progressista se apresenta oficialmente como o inexorável destino da humanidade, ou pelo menos do Brasil. Com efeito,

> Diante de tanta complexidade e tanta incerteza, não se percebe esforço adequado para se enfrentar o desafio. Entre os governantes, não há sinal de mudança substantiva na postura tradicional de conivência e omissão. [...] ... as discussões sobre o tema militar não têm ido além da esfera orçamentária e salarial, e de escaramuças em torno da abertura, ou da existência, dos arquivos da repressão [*vide* a Comissão da Verdade]. O Ministério da Defesa não dá sinais de se ter firmado como centro de competência formulador de políticas no campo da estratégia. O Congresso mantém sua posição de omissão e incompetência em assuntos militares.
>
> Corremos o risco de sermos surpreendidos pelos acontecimentos como em 1964. Por falta de vontade política, de competência, de capacidade de antecipação, de *virtù*, como dizia Maquiavel, podemos ser novamente atropelados pelas rodas da *fortuna*. (CARVALHO, 2006, p. 198).

Daí a relevância sociológica do estudo do campo militar para a compreensão de problemas, conflitos, desajustes e contradições existentes no seio da sociedade brasileira. Questões estas que, por serem tratadas como inexistentes, resolvidas ou em vias de sê-lo, são passíveis de em algum momento virem a nos surpreender.

A importância dessas características sociológicas do campo militar é fundamental para a compreensão do significado do Direito para o Oficial do Exército em geral e do processo administrativo disciplinar para o campo militar em específico.

5. Conclusão

Assim, ao fim e ao cabo, por tudo o que até aqui expus, deixo quatro questões que considero relevantes para a compreensão do significado do Direito para o Oficial do Exército e do processo administrativo disciplinar para o campo militar.

A primeira questão é que, independentemente do que digam ou pensem os centros de produção cultural do país em relação aos conceitos de *tradição* e *autoridade*, a *tradição* é o corpo e a *autoridade* é alma do Exército Brasileiro.

A *tradição* é o corpo do Exército porque esta pode ser observada, vista, descrita, mensurada e realizada concretamente. E de fato o é, pois a *tradição* se manifesta nas formaturas, nas reuniões, nos ritos e no cerimonial militar; nos uniformes, nas insígnias e nas armas; na organização, na composição e na ação conjunta de militares fardados, armados e equipados enquanto integrantes de frações enquadradas em escalões de comando, em deslocamentos ou reunidos para o cumprimento de qualquer missão; nas manifestações de respeito entre militares e destes com os civis; nos heróis e nos símbolos carregados de significados e valores subjacentes; nas comemorações de datas e eventos considerados importantes; nos discursos de militares que se pronunciem publicamente; nas instruções, nas atividades físicas e na educação; no serviço; nos códigos de trato diário; na ética militar; na disciplina e no respeito à hierarquia, até mesmo em atividades sociais privadas; ou seja, através de tudo o que se realiza dentro do campo militar, quer seja em atividades profissionais quer seja na vida social e privada dos militares.

Conforme tratei em outro trabalho (SANTOS, 2012a, 41-60), *tradição* é tudo o que se realiza concretamente no campo militar, uma vez que, por mais insignificante que possa parecer qualquer atividade ou qualquer procedimento realizado por um militar, eles sempre funcionam como poderosos instrumentos de socialização do homem ao campo militar.

Nesse sentido, o conceito de *tradição* como corpo do Exército Brasileiro muito bem se adequa à já citada definição de Carl Friedrich (1974, p. 16) segundo a qual é ela, a *tradição*, que proporciona "a base de muita comunicação e de argumentação integrativa eficaz", tendo, assim, uma função vital na coesão interna de um grupo social.

A palavra tradição deriva do latim *tradere,* que significa transferir ou entregar. O termo tem uma raiz religiosa ou eclesiástica, conforme sucede com grande parte do nosso vocabulário político. As próprias palavras do fundador e do chefe precisam ser transferidas e entregues de geração a geração. Um grande historiador da religião cristã [Adolf Harnack] escreveu que a tradição é "a entrega de um depósito precioso, cuja fonte é considerada divina, a uma pessoa especialmente escolhida." (FRIEDRICH, 1974, p.

17).

A *tradição*, portanto, é o corpo do Exército Brasileiro porque é ela que define a sua fisionomia, os seus contornos, a sua plástica, a sua forma visível, tangível, palpável. Ela que se manifesta quando o Exército Brasileiro é visto fisicamente, sentido por sua presença ou percebido por alguém, pois é através dela que alguém pode olhar, ver, sentir o Exército.

Aquilo que observamos, vemos e ouvimos da parte da Instituição, por mais trivial ou rotineiro que possa nos parecer, se constitui na manifestação da *tradição* da Instituição. A *tradição*, dessa forma, se manifesta no *agir* do Exército Brasileiro, desde as mais ínfimas manifestações de qualquer de seus integrantes até os mais grandiosos feitos de toda a Instituição.

O conceito de *autoridade* é a alma do Exército, pois ela é a força motriz, a energia vital, o *leitmotiv*, o caráter da Instituição, aquilo que a movimenta, dá significado, valora cada ação, quer seja pequena, quer seja grandiosa, que dá a vida ao Exército Brasileiro. É o *pensar* e o *sentir* o mundo e tudo o que nele há. É o *ethos* da Instituição. A *autoridade* confere autenticidade à *tradição* e dela tira a sua seiva. Com efeito, já nos ensinara Marcel Mauss (2003, p. 405, 408, 420) que

> O que se passa é uma imitação prestigiosa. A criança, como o adulto, imita atos bem sucedidos que ela viu efetuados por pessoas nas quais confia e que têm autoridade sobre ela. O ato se impõe de fora, do alto, mesmo um ato exclusivamente biológico, relativo ao corpo. ...
> É precisamente nessa noção de prestígio da pessoa que faz o ato ordenado, autorizado, provado, em relação ao indivíduo imitador, que se verifica todo o elemento social. [...]

Tudo em nós todos é imposto. [...] Temos um conjunto de atitudes permitidas ou não, naturais ou não. Assim, atribuiremos valores diferentes ao fato de olhar fixamente: símbolo de cortesia no exército, de descortesia na vida corrente.
[...]
Mas o princípio é este: exemplo e ordem. Há portanto uma forte causa sociológica em todos esses fatos. (MAUSS, 2003, p. 405, 408, 420).

Assim, a primeira questão a ser considerada é a *tradição* como o corpo do Exército Brasileiro e a *autoridade* como a sua alma.

A segunda questão consiste na ideia de que somente um militar com características específicas na carreira, a exemplo do general Villas Bôas e do deputado Jair Bolsonaro, poderá ser considerado uma *autoridade genuína* pelo Exército Brasileiro. A *autoridade genuína*, em ordem crescente de intensidade, pode ser um superior hierárquico, o Comandante e o general, estando o anterior respaldado no subsequente, sempre.

A terceira questão sugere que um militar do Exército Brasileiro, via de regra, tenderá a seguir em primeiro lugar uma *autoridade formal e genuína*; em segundo, uma *autoridade formal militar*; em terceiro, uma *autoridade puramente genuína* e; por último, uma *autoridade formal civil*. Esta última jamais será uma *autoridade genuína* e sempre estará condicionada à questão seguinte.

Por fim, como consequência lógica da questão anterior, a quarta e última questão é a de que um militar do Exército Brasileiro tenderá a seguir, sempre, uma *autoridade militar* em detrimento de uma *autoridade civil*, independentemente do amparo legal, das prerrogativas legais ou constitucionais e da hierarquia desta última.

Decorre daí que uma *autoridade civil* somente será seguida por um militar no exercício das suas funções se e enquanto estiver respaldada por uma *autoridade militar*. Uma *autoridade civil* somente será seguida por um militar no exercício das suas funções, independentemente da posição hierárquica dele dentro do Exército, quando este militar olhar para o seu superior hierárquico, ao lado da *autoridade civil*, e o superior hierárquico, o Comandante ou o general, a única autoridade verdadeira para ele diante de um civil, seja ele presidente da República ou torneiro mecânico, passar, mesmo que de maneira estrita à linguagem militar, imperceptível, portanto, para aqueles que não conhecem o campo sociológico militar, a informação de que ele deve cumprir a ordem da *autoridade civil*.

Encerro, assim, esta exposição, com uma fala de Roberto DaMatta acerca do como entender um campo de estudo qualquer, *in casu*, o campo militar, a fim de melhor compreender o significado do processo administrativo disciplinar e a sua aplicação ao caso concreto dentro deste campo.

A construção de uma identidade social, então, como a construção de uma sociedade, é feita de afirmativas e de negativas diante de certas questões. Tome uma lista de tudo o que você considera importante – leis, ideias relativas a família, casamento e sexualidade; dinheiro; poder político; religião e moralidade; artes; comida e prazer em geral – e com ela você poderá saber quem é quem. Não é de outro modo que se realizam as pesquisas antropológicas e sociológicas. Descobrindo como as pessoas se posicionam e atualizam as "coisas" desta lista, você fará um "inventário" de identidades sociais e de sociedades. Isso lhe permitirá descobrir o estilo e o "jeito" de cada sistema. Ou, como se diz em linguagem antropológica, a cultura ou ideologia de cada sociedade. Porque, para mim, a palavra cultura exprime precisamente um estilo, um modo e um jeito, repito, de fazer as coisas. (DAMATTA, 1986, p. 17).

Referências bibliográficas

ASSIS, Jorge Cesar de. **Curso de direito disciplinar militar:** da simples transgressão ao processo administrativo. Curitiba: Juruá, 2008.

BACELLAR FILHO, Romeu Felipe. **Processo administrativo disciplinar.** 2. ed. São Paulo: Max Limonad: 2003.

BÔAS. Eduardo Dias da Costa Villas. **Geopolítica e Defesa da Amazônia.** Conferência. Instituto Plínio Corrêa de Oliveira. Club Homs. São Paulo-SP. Ocorrida em 19/09/2013. Disponível em: <https://www.youtube.com/watch?v=0t53nREJt0o>. Acesso em: 22 dez. 2017.

BOLSONARO, Jair. **Discurso aos cadetes formandos do 4º ano da Academia Militar das Agulhas Negras – AMAN.** Discurso. Academia Militar das Agulhas Negras – AMAN. Resende-RJ. Ocorrido em 29/11/2014. Disponível em: <https://www.youtube.com/watch?v=MW8ME9S87SI> . Acesso em: 22 dez. 2017.

BOLSONARO, Jair. **Matéria do Jornal "O Globo": militares festejam o reajuste.** Discurso. Câmara dos

Deputados. Brasília-DF. Ocorrido em 19/09/2012a. Disponível em: <https://www.youtube.com/watch?v=Ovk_iOalKPk>. Acesso em: 22 dez. 2017.

BOLSONARO, Jair. **Repúdio ao ataque de petistas contra oficiais da reserva do Clube Militar, pela assinatura de manifesto contra a criação da Comissão Nacional da Verdade. Participação da Sra. Dilma Rousseff em luta armada durante a ditadura militar.** Discurso. Câmara dos Deputados. Brasília-DF. Ocorrido em 08/03/2012b. Disponível em: <http://www.camara.gov.br/internet/sitaqweb/TextoHT ML.asp?etapa=3&nuSessao=033.2.54.O&nuQuarto= 27&nuOrador=1&nuInsercao=0&dtHorarioQuarto=09: 52&sgFaseSessao=BC%20%20%20%20%20%20%2 0%20&Data=08/03/2012&txApelido=JAIR%20BOLSO NARO&txFaseSessao=Breves%20Comunica%C3%A 7%C3%B5es%20%20%20%20%20%20%20%20%20 %20%20&dtHoraQuarto=09:52&txEtapa=Com%20re da%C3%A7%C3%A3o%20final> e <https://www.youtube.com/watch?v=R1T9L2vIOuI>. Acesso em: 22 dez. 2017.

BRASIL. Decreto n° 4.346, de 26 de agosto de 2002. Aprova o Regulamento Disciplinar do Exército (R-4) e dá outras providências. Disponível em: <http://www.planalto.gov.br/ccivil_03/decreto/2002/D4 346.htm>. Acesso em: 22 dez. 2017.

CÂMARA, Alexandre Freitas. **Lições de direito processual civil.** v. I. 15. ed. rev. e atual. Rio de Janeiro: Lumen Juris, 2006.

CAPEZ, Fernando. **Curso de Processo Penal**. 14. ed. rev. e atual. São Paulo: Saraiva, 2007.

CARVALHO FILHO, José dos Santos. **Manual de direito administrativo**. 15. ed. rev. ampl. e atual. Rio de Janeiro: Lumen Juris, 2006.

_____. 27. ed. rev. ampl. e atual. até 31 dez. 2013. São Paulo: Ed. Atlas S.A., 2014.

CARVALHO, José Murilo de. **Forças Armadas e política no Brasil**. 2. ed. Rio de Janeiro: Jorge Zahar Ed., 2006. 224 p.

CARVALHO, Olavo. **O mínimo que você precisa saber para não ser um idiota**. Organização de Felipe Moura Brasil. 12. ed. Rio de Janeiro: Record, 2014. 616 p.

COMANDANTE DO EXÉRCITO. In: _site_ do Exército Brasileiro. Disponível em : <http://www.eb.mil.br/comandante-do-exercito>. Acesso em: 22 dez. 2017.

COELHO, Edmundo Campos. **Em busca de identidade:** o Exército e a política na sociedade brasileira. Rio de Janeiro: Record, 2000. 206 p.

CRETELLA JÚNIOR, José. **Manual de direito administrativo**. 5. ed. Rio de Janeiro: Forense, 1984.

DAMATTA, Roberto. **O que faz do brasil, Brasil?**. Rio de Janeiro: Rocco, 1986. 128 p.

DI PIETRO, Maria Sylvia Zanella. **Direito administrativo.** 19. ed. São Paulo: Atlas, 2005.

FIGUEIREDO, Flávia Caldeira Brant Ribeiro de. Processo administrativo. In: MOTTA, Carlos Pinto (Coord.). **Curso prático de direito administrativo.** 2. ed. rev. atual. e ampl. Belo Horizonte: Del Rey, 2004a. p. 663-724 .

FIGUEIREDO, Lúcia Valle. **Curso de direito administrativo.** 7. ed. rev. atual. e ampl. São Paulo: Malheiros, 2004b.

FRIEDRICH, Carl J. **Tradição e autoridade em Ciência Política.** Tradução de Fernando de Castro Ferro. Rio de Janeiro: Zahar Editores, 1974. 152 p.

GASPARINI, Diogenes. **Direito administrativo.** 11. ed. rev. e atual. São Paulo: Saraiva, 2006.

HEUSELER, Elbert da Cruz. **Processo administrativo disciplinar militar à luz dos princípios constitucionais e da Lei n. 9.784 de 1999.** Rio de Janeiro: Lumen Juris, 2007.

JUSTEN FILHO, Marçal. **Curso de Direito Administrativo.** 2. ed. rev. e atual. São Paulo: Saraiva, 2006.

LEITÃO, Miriam. **Entrevista exclusiva com o Ministro da Defesa Celso Amorim:** o Ministro da Defesa Celso Amorim fala sobre Comissão da Verdade, tortura e ditadura. GloboNews Miriam Leitão. Exibido em 26/06/2014. Disponível em

<http://globosatplay.globo.com/globonews/v/3458161/
>. Acesso em 16 fev. 2015.

MAUSS, Marcel. **Sociologia e antropologia.** Tradução de Paulo Neves. São Paulo: Cosac Naify, 2003. 536 p.

MINISTÉRIO DA DEFESA. EXÉRCITO BRASILEIRO. ESTADO-MAIOR DO EXÉRCITO. Portaria nº 012-EME, de 29 de janeiro de 2014. Aprova o Manual de Fundamentos EB20-MF-10.101, O Exército Brasileiro, 1. ed. 2014. Disponível em: <http://www.eb.mil.br/documents/10138/6563889/Man ual+-+O+Ex%C3%A9rcito+Brasileiro/09a8b0d2-81d0-4a69-a6ea-0af9a53eaf45>. Acesso em 22 dez. 2017.

MEDAUAR, Odete. **Direito administrativo moderno.** 10. ed. São Paulo: Revista dos Tribunais, 2006.

MEIRELLES, Hely Lopes. **Direito administrativo brasileiro.** 32. ed. São Paulo: Malheiros, 2006.

MELLO, Celso Antônio Bandeira de. **Curso de direito administrativo.** 21. ed. rev. e atual. São Paulo: Malheiros, 2006.

MINISTÉRIO DA DEFESA. EXÉRCITO BRASILEIRO. GABINETE DO COMANDANTE. Portaria n° 107, de 13 de fevereiro de 2012. Aprova as Instruções Gerais para a Elaboração de Sindicância no Âmbito do Exército Brasileiro (EB10-IG-09.001) e dá outras providências. <http://www.pm.pe.gov.br/c/document_library/get_file ?p_l_id=13043&folderId=69848&name=DLFE-

24081.pdf>. Acesso em: 22 dez. 2017.

ROSA, Paulo Tadeu Rodrigues. **Processo administrativo disciplinar militar:** Forças Militares Estaduais e Forças Armadas – aspectos legais e constitucionais. Rio de Janeiro: Lumen Juris, 2007. p. 112.

SANTOS, Everton Araujo dos. O carisma do comandante. In: **Cadernos de pesquisa dos alunos da pós-graduação em Ciências Sociais da PUC-Rio – PPGCIS.** Maria Celina D'Araujo; Marcelo Burgos; Valter Sinder (Coord.). Rio de Janeiro: PUC-Rio, 2014. p. 93-94.

SANTOS, Everton Araujo dos. **O carisma do comandante:** um estudo das relações pessoais dos militares do Exército Brasileiro sob o enfoque do poder simbólico, dos corpos dóceis e das instituições totais. 2012. 249 f. Dissertação (Mestrado em Ciências Sociais). Pontifícia Universidade Católica do Rio de Janeiro, Rio de Janeiro. 2012a.

SANTOS, Mário Ferreira dos. **Invasão vertical dos bárbaros.** Apresentação de Luiz Felipe Pondé. São Paulo: É Realizações, 2012b. 168 p.

www.ingramcontent.com/pod-product-compliance
Lightning Source LLC
Chambersburg PA
CBHW051507170526
45166CB00001B/429